U0918462

本书是国家社会科学基金一般项目“基于社会网络分析的大学治理有效性分析”（课题号：14BGL009）的成果。

大学治理有效性研究

姜华 著

中国社会科学出版社

图书在版编目(CIP)数据

大学治理有效性研究/姜华著. —北京：中国社会科学出版社，2023.9
ISBN 978-7-5227-2387-7

Ⅰ.①大… Ⅱ.①姜… Ⅲ.①高等学校—学校管理—研究—中国
Ⅳ.①G647

中国国家版本馆 CIP 数据核字(2023)第 143869 号

出 版 人 赵剑英
责任编辑 高 歌
责任校对 李 琳
责任印制 戴 宽

出 版 中国社会科学出版社
社 址 北京鼓楼西大街甲 158 号
邮 编 100720
网 址 http://www.csspw.cn
发 行 部 010-84083685
门 市 部 010-84029450
经 销 新华书店及其他书店

印 刷 北京明恒达印务有限公司
装 订 廊坊市广阳区广增装订厂
版 次 2023 年 9 月第 1 版
印 次 2023 年 9 月第 1 次印刷

开 本 710×1000 1/16
印 张 13.5
插 页 2
字 数 180 千字
定 价 76.00 元

序

大学是社会进步的重要推动力量，也是培养未来人才的重要场所。同其他社会组织一样，大学的发展需要有良好的治理，因为，大学治理水平的高低关系到大学发展及其职能的实现。大学治理效率和效果是衡量治理水平的重要指标，因此，大学治理有效性研究成为大学治理研究的重要课题，具有重要的理论与现实意义。同其他社会组织不同，大学是一个多目标的非营利性组织，多目标意味着大学的治理在朝向一个目标的同时，可能会影响甚至会损害其它目标的实现，因此大学治理的效率和效果是多维度的。大学是一个非营利的组织，这就意味着难以向营利性组织那样用几个明确的指标就能衡量组织的绩效，传统的测量方法和模型在高等教育组织中都无法直接应用，这就无形中增加了大学治理有效性研究的难度。

在日益复杂多变的经济社会环境下，培养具有创新精神人才、服务国家重大战略需求、应对已经来临的数字化教育时代和新冠疫情流行三年对教育形态的深刻影响等，需要高等教育高质量发展；财政性高等教育经费的短缺、高等学校毕业生的就业压力等，高等教育也面临许多挑战。在建设高等教育强国的过程中，高等教育如何承担重任、如何摆脱困境，如何提高大学治理效率和效果，促进大学的发展和创新，成为摆在我们面前的重要议题。

以治理的有效性作为研究对象是极富现实意义的，因为我们所能看到的或是无法看到的大学产出，几乎都是有效治理的产物。然而以治理有效性作为研究的对象，在方法上又存在很大的局限性，原因在于我们很难以客观定量的方式及指标来衡量大学的治理过程及治理结果。[①] 本书的作者在国内几乎最早采用定量方法研究大学治理结构，他提出于大学治理的研究不能仅仅停留在定性的哲学思辨的层面，应该深入中观甚至微观层面进行定量化的研究，用数量来表达大学治理尤其是大学治理结构，从而分析治理与大学绩效之间的关系，确定治理是否有效，并更加有针对性地提出大学善治的方案。

大学治理的研究中，对大学治理结构的研究相对较多，随着对于大学治理研究的深入，研究者发现大学治理结构并不能全面反映大学治理的全貌。很多案例都已经表明，同样的治理结构却有完全不同的治理结果，同样的外部环境却走出了不同的治理路径。作者在综述了国外关于大学治理的文献之后，敏锐的认识到大学治理研究的重心已经转变，治理研究在关注结构之后，已经转移到关注人、制度和文化等治理的过程上来。把治理结构和治理过程联系起来进行研究，是对大学治理研究的深化，同时，用定量的研究方法分析大学治理结构和大学治理过程也是一个新的探索。

根据联合国教科文组织的定义，大学治理是大学利益相关者对于学校重大事务决策的结构和过程，所谓大学治理结构就是大学的决策权力的结构形式，具体来说就是权力的分配方式。对于我国公立大学来说，“党委领导、校长负责、教授治学、民主管理”一直是我国公办大学治理结构的通行表述，很多治理的研究也在这个框架之下进行思辨性的研究。但是我国有二千多所公办高等学校，这些

① 屈潇潇：《世界一流大学治理结构的有效性分析——以美国密歇根大学为例》，《云南师范大学学报》（哲学社会科学版）2015 年第 3 期。

高等学校有不同办学使命和目标，分布在不同的区域，有不同的办学历史，这些高等学校的治理结构之间都一样吗？答案是否定的，但是这些不同类型大学的治理结构到底有什么区别，一直是一个研究的难题，虽然有一系列的研究在探讨这些区别，但是没有定量化的测量，这些表述都难以服人。

我们高兴地看到，作者采用社会网络分析的方法对于大学的治理结构进行了定量化的测量，这是国内首次在治理研究中使用社会网络分析，也是首个对大学治理结构进行了定量化的分析。这个定量分析为后续的一系列研究奠定了坚实的基础。通过社会网络分析，初步揭示了不同层次高等学校权力分配的差异性，从研究方法上这是一个新的探索。

在对大学治理结构进行定量分析之后，作者对治理结构和治理过程与大学绩效之间的关系进行深入分析，对大学治理的效率进行了较为全面系统的研究，研究表明，首先，大学的权力分配中的“重心”越低，绩效越高，既在大学的权力分配中，学院的权力越大，绩效越高，这也为我国大学近是十年开展的“管理重心下移”提供了理论依据；其次，权力运行中，大学治理中领导和部门、部门和部门关系越密切，信息交流越顺畅，决策越民主，学校的绩效越高。

二级学院治理的研究一直是大学治理研究的洼地，本书采用实证研究方法探究了二级学院的治理，研究表明，高校内部权力集中于校、院两级的领导者身上，校院系三级管理体系的真正确立需要给予必要的自主权；研究还表明，高校组织“底部沉重”的特性仅仅在具有博士、硕士学位授予权高校表现明显，在其他类型高校表现不明显；高水平的研究型大学在信息沟通、权力运行方面效率较高；其他普通高校需要进一步提高权力主体间的沟通效率。

本研究虽然在大学治理结构、治理过程与大学绩效之间关系进行了较好的探索，也提出具有创新性的研究结论，但是本书还存在一些遗憾，一方面，对于大学治理效率的研究还需要更多的数据和案例来进行支撑，这样才能够更加了解我国大学治理的现状和未来发展路径；另一方面，影响大学的不仅仅是结构和过程，还包括大学的历史、制度和文化，这些因素都深刻影响大学组织的行为，但是这方面的研究还是一个有待深入研究的领域。

最后，衷心希望本书的出版能够为大学的治理的研究提供新的思路和方向，为大学治理的改进和提高贡献一份力量。同时也希望，本书能够引起更广泛的关注和讨论，促进大学治理的研究与实践。

张德祥

2023 年 5 月

目　录

第一章　问题的提出

第一节　研究背景

一　“双一流”建设的时代背景

建设世界一流大学和一流学科是党中央、国务院做出的重大战略决策，对于提升我国高等教育发展水平、增强国家核心竞争力、奠定发展基础具有重要意义。2017 年 9 月，教育部、财政部和国家发展改革委三部委联合发布的《关于公布世界一流大学和一流学科建设高校及建设学科名单的通知》正式确认了首批 42 所世界一流大学建设高校和 95 所世界一流学科建设高校。“双一流”建设是积极探索世界一流大学建设的中国道路、中国模式的又一实践。在《统筹推进世界一流大学和一流学科建设总体方案》中曾明确提出“完善内部治理结构”的改革任务，并提出了高校在章程落实、学术组织建设、民主管理和监督机制完善等方面的具体要求。

全面深化高等教育综合改革，是破解高等教育深层次矛盾的必然要求。[①] 建设一流大学固然需要经费、人员、设备和政策等保障性资源，但从可持续发展的角度看，世界一流大学必然是善治的，即良好的治理。客观、理性地分析当前我国大学治理现状很容易发现，

---

① 李家俊：《找准抓手 扎实推进试点学院综合改革》，《中国高等教育》2013 年第 19 期。

“双一流”建设作为在“211”“985”工程已经取得较为显著成绩和获得一定经验基础上实施的一项整合性、继承性和持续性推进工程，仍然存在诸多困难，“双一流”建设长效机制的建立和功能实现，需要高校拥有一流治理理念和完善的治理结构。简言之，一流的大学需要一流的治理，在对一流治理的众多解读中，有效治理无疑是一流治理理念的核心所在。

一流的高校必然有一流的治理，一流的治理也终将促成一流的高校。由于大学办学自主权不足与内部权力监督机制不健全并存、权力精英联盟与利益群体公共化并存、治理能力不足与治理失范行为时有发生并存①等因素的交织影响，我国大学治理效率普遍偏低，这在一定程度上成为我国高校“双一流”建设道路上的桎梏。

二 建设现代大学制度的必由之路

《国家中长期教育改革和发展规划纲要（2010—2020）》提出“建立现代大学制度，完善大学治理结构”。为推进现代大学制度建立，国务院下发了《国务院办公厅关于开展国家教育体制改革试点的通知》，确定了27所高校作为中国特色现代大学制度建设的试点单位。这标志着建设中国特色现代大学制度不再局限于理论层面的学术讨论，而是成为国家决策和部署的实践阶段。中国特色的现代大学制度是现代大学制度与中国实际相结合的产物，应该深深扎根于我国大学的建设实践，同时又保持与时俱进的品质。②

别敦荣总结了我国学界对现代大学制度基本范畴的三种认识：理念/精神范畴论、中国现实范畴论和一般范畴论。③ 理念/精神范畴

① 朱家德、周湖勇：《大学有效治理研究》，中国社会科学出版社2016年版，第11页。

② 杨岭、毕宪顺：《中国特色现代大学制度的核心要义、实现路径、政治保障》，载《二级学院治理：权力运行制约与监督》，科学出版社2017年版，第25页。

③ 别敦荣：《论现代大学制度的基本范畴》，《现代教育管理》2013年第10期。

论是从中世纪古典大学的理念和精神出发，阐发、论述现代大学制度与古典大学制度在理念/精神层面的差异和共性，强调从大学理念、大学精神传承的角度来沿袭、革新、完善现代大学制度；立足于我国高等教育实际国情，讨论现代大学制度建设的各种主张、观点和建议，属于中国现实范畴论，持该论断的以从事教育管理工作者和研究人员居多；超越当前我国大学制度改革的现实背景和古典大学理念/精神，反照大学自身特性，关注大学运行过程的规范要求和关系协调的主张属于一般范畴论。

作为现代大学制度的重要基石，大学治理的重要性在于推动和完善高校依法合规自主办学，构建大学内部满足多方利益需求的决策结构。大学由于其“产品”具有正外部性和公共效用不可分割的特点，因而通常作为一个利益相关者组织而存在。利益相关者参与大学重要决策是大学治理的基本要义，因此，谈到现代大学制度的建立时，大学治理问题是无法回避的，高校大学治理的效果深刻影响着现代大学制度根基的牢靠程度。可以说，没有大学治理的高校也就不存在真正意义上的现代大学制度；大学的善治之途也是建设现代大学制度的必由之路。

三　推进大学治理实践的现实需要

针对建立现代大学制度试点院校的实践研究表明，30 多所中央部署高校的 51 个试点项目，历时 3 年，在探索建设中国特色现代大学制度的实践摸索中取得了一定的成效：大学领导机制更加完善、以章程为核心的制度建设得到加强、大学组织结构更加合理、大学内部管理体制改革得以深化、民主管理得到保障。但是在试点改革进程中，也出现了一些不确定性的因素，成为试点改革问题的诱因，如在国家层面政策制度供给不足，办学自主权尚有很大提升空间，作为学校和政府矛盾缓冲地带的第三方机构建设仍然十分稀少；作为大学灵魂的章程缺乏应有的公信力；在学校自身努力层面，高校对试点项目的认识、理解和改革意愿还需要进一步提升，办学过程中以学生为中心的理念亟待进一步深化，高校中教师的学术主体地位缺失问题较为普遍，学术事务的非学术组织决策问题较为突出，作为大学治理主体的利益相关者间的协调、平衡问题较为困难。这些虽然是现代大学制度建设中的不足和存在的问题，但其中许多方面所反映的实际上是大学治理领域的问题。①

从我国大学治理的现状来看，政府与大学之间存在着“外部政府控制过严、内部自我监督过宽”的两难现象。大学治理的完善是应对高等教育“普及化”阶段面临各种问题的基础，提高大学治理的有效性成为高等教育管理面临的首要任务。

第二节 研究的目的和意义

从深化高等教育体制改革的角度看，深入研究大学治理有效性问题在实践层面对于指导大学治理过程，推进大学治理的合理化、持久化，从顶层制度设计层面完善大学重大事项决策权力的分配体系具有重要现实意义。在宏观层面对于实现建设中国特色的现代大学制度具有奠定扎实基础的重要作用，同时一套适合中国国情的现代大学治理结构和体系的建立实践和经验总结，也是增强我国高等教育国际话语权的有力之举。此外，有效的大学治理是大学内部实现利益相关者关系有效协调与权力运行和制约监督机制的统一，是高校教学、科研、社会服务、文化传承与创新等功能有效实现的基础性保障，也是支撑“双一流”建设的重要条件。

① 许杰：《建设中国特色现代大学制度：成效、问题与对策——基于试点院校的探索实践》，《教育研究》2014 年第 10 期。

一　推进大学治理进程，完善大学治理体系

就大学治理活动本身而言，具有典型的过程性。任何高校的大学治理都不是一蹴而就的，需要在实践中不断探索适合自身的权力分配体系和治理模式，在此基础上逐渐完善相关制度、制定政策、规范各主体行为，并不断纠偏，调整权力分配体系，优化治理结构，通过治理——优化——再治理，如此循环往复、不断深入，这种实践过程才是良性的大学治理机制的形成标志。因此，从这个意义上大学治理是没有终点的，只要现代大学一直存在，大学治理的活动就会一直持续下去。

作为渐进过程的大学治理需要在实践中不断改进、纠偏。而改进、纠偏需要有衡量的标准，大学治理有效性的衡量就提供了一个较为适切的标准。大学治理有效性研究利用社会网络分析方法对大学治理结构和过程进行量化描述，客观、直接呈现大学治理的结构和过程，从而提供诊断、改进大学治理的依据和标准。据此理顺高校内部权力关系和决策程序，重塑大学内部治理环境，不断完善大学治理体系的科学化、合理化，将大学治理的实践推向一个新的阶段。

二　助力中国特色的现代大学制度建设，提高我国高等教育制度性话语权

我国的大学很大程度上是移植西方国家的产物，属于典型的后发外生型的发展路径，由于大学发展历史相对较短，同时长期受到计划经济体制的影响和束缚，大学精神、大学制度的概念在校园文化中普遍缺失。大学治理的研究有利于弥补这些缺失，这对于廓清大学问题的认识、树立正确的大学观、形成创新办学的理念、加速现代大学制度建设的步伐可以起到促进作用。与此同时，时代发展和社会变迁对大学制度提出了新问题、新挑战。如何回应知识经济与高等教育国际化的趋势，“作为传播知识、生产知识和开发知识的

大学，必然成为知识产业的核心部分”。如何做到大学制度的与时俱进，在时代高度上把握现代大学制度，大学治理研究将致力于提供一个前瞻性的思路和可操作的建议。①

表达权、参与权和主导权构成了高等教育制度性话语权的主要方面。国际上的制度性话语权，是指一个国家在起草、制定国际事务“游戏规则”中的发言权、决定权。② 大学治理有效性研究能够为建设中国特色现代大学制度的实践提供一定的方向指导，从基础层面构建中国特色现代大学制度的坚实基础。中国特色现代大学制度的建设、巩固和扩散，是立足于高等教育管理专业领域研究，提高话语质量的重要方式。

大学治理研究在国际高等教育研究领域也是属于热点领域和焦点问题，我国高校的大学治理实践经验反思与理论归纳是表达我国高等教育历史贡献的重要方面，也是参与高等教育国际化的重要内容。从这个意义上，深入研究大学治理有效性问题，丰富、拓展大学治理理论，推进、深化大学治理实践，把我国的大学治理经验和实践介绍到世界范围，获得世界范围内广泛的认可，对于切实提升我国高等教育制度性话语权具有十分重要的意义。

三　深化教育体制改革，从治理层面支撑“双一流”建设

随着高等教育体制改革的不断深化，增加学校各方面的自主权已经成为高等教育管理规格的重要趋势和方向，大学逐渐由“执行型”组织向“决策型”组织转变。决策权力分配是大学治理的核心要素，研究大学治理有效性，推进大学治理实践，为破解高等教育体制痼疾提供了一剂良方，也是深化高等教育体制改革的重要手段

---

① 赵成：《治理视角下的大学制度研究》，博士学位论文，天津大学，2006 年。

② 周倩：《提高我国高等教育制度性话语权》，《人民日报》2016 年 5 月 3 日第 7 版。

之一。特别是在高等教育进入普及化时代，高等教育领域会凸显出一些新的矛盾和冲突，无论是师生关系、教学模式，还是科学作用、校园与社会关系都会发生一系列微妙变化，原有的教育体制在高等教育普及化阶段也面临着严峻挑战。大学治理恰恰在一定程度上回应了高等教育的变化和教育体制改革问题，以大学治理为切口，深化高等教育体制改革，能够有效促进高等教育事业繁荣发展。

从系统的角度看，大学治理的实践推进与“双一流”建设具有一脉相承的关系。世界一流大学的建设，需要大学治理提供良好的学术环境和科技研发环境、较为宽松的教学管理环境和育人环境。

周光礼教授认为，中国高校的“双一流”建设必须突破宏观层面的体制性障碍、中观层面的管理性障碍以及微观层面的技术性障碍。这三个层面的障碍依次可以归纳为“体制与结构”“组织与管理”“知识与课程”的问题。[①] 其中，实现大学外部治理变革是“双一流”建设亟须的体制突破，而大学内部治理的转型是“双一流”建设过程中应有的管理变革。在内部治理方面，党政关系的理顺、学术与行政关系的协调、院系设置的科学合理、学术评价的客观公正是今后一段时期内横亘在大学治理研究者与“双一流”建设高校管理者面前的共同问题。

在高等教育从内涵式发展到高质量发展新时期，大学治理问题的关键也将逐渐由治理结构、治理体系转到治理有效性的评价和治理文化的塑造上。仅仅从治理结构和治理方式上进行研究，显然已经难以满足治理体系和治理能力现代化的需要。因此，本书的研究成果有助于我们掌握完善大学治理的有效途径，并富有成效地推进“双一流”建设的时代命题。

---

① 周光礼：《“双一流”建设的三重突破：体制、管理与技术》，《大学教育科学》2016年第4期。

第二章　研究综述

第一节　国外关于大学治理的研究

从20世纪60年代开始，美国学者就已经对大学治理进行了研究，当时的美国大学所发生的剧烈变革，引起了学者对大学权力问题的密切关注。[①] 20世纪70年代末，英国公共部门中开展了新公共管理运动，高等教育成为引入治理的实质性领域。[②] 其中结构主义和人—文化主义两大理论学派较有影响。

一　结构主义视域下的大学治理

通过设计和改革大学治理结构可以有效调节不同利益相关者的利益诉求。通过决策权、执行权和监督权的适度、合理分离与制衡以及对学术权力和行政权力之间冲突的协调，可以提高大学组织决策效率和资源配置的效率。

结构主义者重视对大学董事会规模、人员构成、权力分配、决策参与等组织结构问题的研究。如以卡尔森（Corson）为代表的学

---

① Groof, J. D., et al., *Democracy and Governance in Higher Education*, Hague: Kluwer Law International, 1998, p. 61.

② 崔艳丽：《20世纪80年代以来的英国高等教育治理研究》，博士学位论文，南京师范大学，2014年。

者从结构视角研究大学治理。他们认为，大学权力结构具有二重性特征，即传统的科层管理结构和教师在权力范围内决策的结构。两种决策系统在结构上分离，并建立在不同的权力基础之上。科层管理权力来自于组织结构中的职位，专业权力的基础则是自主性和专业知识，而这两种权力之间存在着冲突。① 权力结构的二重性理论成为大学治理的结构主义范式研究的基础。这一时期有关重建大学治理结构的讨论，焦点集中在如何通过治理结构保障学生和教师的权力，实现民主化治理。权力结构的二重性理论也使得结构主义成为治理研究的重要理论基础。

在伯恩鲍姆（Birnbaum）看来，大学治理本质上就是平衡两种不同的但具有合法性的组织控制力和影响力的结构和过程，一种是董事会和新政机构基于法定的权力，另一种是教师群体基于专业知识拥有的专长权力。②

20 世纪 70 年代以后，学者关注的是大学内部决策结构中的权力，韦克（Weick）揭示了分权化的治理结构，明兹伯格（Mintzberg）的组织理论佐证了韦克的研究，他指出 20 世纪 60 年代的大学治理变革催生了专业化官僚结构。③

科恩和马奇（Cohen & March）针对治理中的分权进行研究，从而创立了有组织的无政府模式，他们的研究实际上是对大学治理结构的现实批判，是对现有的结构没有实现应有组织效率的质问。科勒在此基础上提出建立大联合决策委员会结构。④ 非常可惜的是，这些委员会大多未能如愿运行，导致这种新的结构失去了合法性基础。

---

① Corson, J., *Governance of Colleges and Universities*, N. Y: McGraw-Hill, 1960, p. 147.

② Birnbaum Robert, "The End of Shared Governance: Looking Ahead or Looking Back", *ERIC ED*325141, July 2003.

③ Mintzberg, H., *The Professional Bureaucracy*, *Englewood*, NJ: Prentice-Hall, 1979.

④ G. Keller (ed.), *Academic Strategy*: *The Management Revolution in American Higher Education*, Baltiomore: The Johns Hopkins Universities Press, 1983.

各种治理结构的变革只是对决策过程的修修补补，无法从根本上回应大学治理所面临的挑战。20 世纪 90 年代中期以后，在社会和政府的批评环境中，大学治理结构研究孕育了一些新的变化。伯恩鲍姆运用控制论的思想分析了学术组织的权力结构，重点是学术评议会的制度安排。[①]

二　人—文化主义视域下的大学治理

学界从 20 世纪 90 年代开始反思结构主义，认为仅仅改进治理结构并不一定能实现大学的有效治理，领导力、人际关系、信任、文化等因素都是影响治理行为的非结构性因素。

西方学者主要运用定性和定量相结合的方法来研究大学的治理结构，论证治理结构与治理绩效之间的关系[②]以及什么样的治理结构能带来更高的组织绩效。

西班牙大学的案例研究表明，完善治理结构可以改进大学的绩效。[③] 1975 年，大卫分析了大学治理合法性的理论基础和大学治理的要素。[④] 有学者认为，文化和符号过程与结构同等重要，都是大学有效治理的基本要素，并强调沟通路径与承认话语力量的重要性。[⑤]

也有学者从参与维度评价大学治理的有效性，认为大学运作方

---

① Birnbaum R. , *How Colleges Work*: *The Cybernetics of Academic Organization and Leadership*, San Francisco: Jossey-Bass, 1991, p. 55.

② Cohen, M. D. & March, J. G. , *Leadership and Ambiguity*: *The American College President*, Boston: Harvard Business School Press, 1986.

③ Enrique Villarreal Innovation, "Organisation and Governance in Spanish Universities", *Tertiary Education and Management*, No. 2, 2001.

④ David W. Leslie, "Legitimizing University Governance: Theory and Practice", *Higher Education*, No. 2, 1975.

⑤ Labaree, Robert Vaughan, ed. , *The Implementation of an Academic Program Merger*: *Efficiencies of Information Exchange and Restraint Under the Principles of Shared Governance*, University of Southern California, 2004.

式是否令学术人员满意，关键因素不在于管理机构的运作是否有效，而在于教师委员会或教务委员会能否恰当地代表各个院系，能否广泛接受普通教师的意见，这一方面要求学术人员愿意投入精力和时间参与管理活动；另一方面要求学术组织拥有学术事务的决策权。①

在美国，针对20世纪70年代以来非学术人员在治理过程中的参与度，有研究表明非学术机构工作人员的参与有助于提高组织的承诺度和共享的权威水平。② 教师所认同的共同治理结构有许多好处，如果教师认为他们没有充分参与大学校园的决策，会影响他们充分发挥共同管理的水平。③ 此外，教师共同参与的治理可以改善行政和教员之间的关系也被研究所证实。④ 索耶（Sawyer）等人的实证研究表明，在共享的治理结构中，教师通过参与治理可以提高个人的领导和管理能力。⑤ 学生参与治理被认为是高等教育民主的需要，是实现学术民主与政治民主的路径，大学治理要发挥创造培育学生民主价值观的作用。⑥

一项针对新西兰8所大学在1993—2001年的报告分析显示，年

---

① ［英］迈克尔·夏托克：《成功大学的管理之道》，范怡红译，北京大学出版社2006年版，第108—109页。

② Haynes, Jim R., ed., The Relationship between Pariticipation in Shared Governance and Organizational Commitment Reported by Nonacademic Staff in Public Research, Doctoral, and Master's Colleges and Universities, Arkansas State University, 1999.

③ Love, Jim R., ed., Faculty/University Collaboration: Differential Perceptions of Shared Governance, Presidential Leadership Style and Decision-Making at a Research University, University of Houston, 2005.

④ Redmond, Rodney W., ed., Faculty Involvement in Shared Governance and Decision Making: A Case Study, Morgan State University, 2007.

⑤ Jay Paredes Scribner, R. Keith Sawyer, Sheldon T. Watson and Vicki L. Myers, "Teacher Teams and Distributed Leadership: A Study of Group Discourse and Collaboration", *Educational Administration Quarterly*, No. 1, 2007.

⑥ Josephine A. Boland, "Student Participation in Shared Governance: A Means of Advancing Democratic Values?", *Tertiary Education and Management*, No. 3, 2005.

度报告有利于治理委员会做出决策并增强大学的责任感。① 通过对英国诺丁汉特伦特大学、萨里大学、日本东京大学以及早稻田大学的大学组织变革中的企业化行为，特别是治理、管理、领导和基金会的研究，发现两国以市场为导向的治理变革使大学更好地适应了外部环境变化，承担起社会责任，但大学发展战略中的企业文化如何协调值得深入研究。②

加拿大高等教育在持续增长的财政和新兴研究领域的双重压力下，要发挥评议会在大学学术决策中的主体作用，化解大学治理面临的前所未有的政策压力。③ 不过，也有学者在分析德国大学治理后认为，较高的教师参与度对大学治理而言有其正向的一面，同时也有不可避免的弊端：教师参与治理活动的时间增加，势必减少教师用于教学和科研活动的时间；教师可能牺牲大学利益而使政策利于教师群体利益最大化；某些能显著改变现状的项目，会因为教师利益冲突而在实施中遭受阻力；影响决策效率进而妨碍管理者有效完成发展大学和提高大学绩效的任务。④

第二节　国内关于大学治理的研究

受西方学者的影响以及我国高等教育发展与改革的实际需要，从 21 世纪初，国内学者开始研究大学治理有效性问题，研究主要基

---

① Keith Dixon, David Coy, "University Governance: Governing Bodies as Provides and Users of Annual Reports", *Higher Education*, No. 2, 2007.

② Keiko Yokoyama, "Entrepreneurialism in Japanese and UK Universities: Governance, Management, Leadership, and Funding", *Higher Education*, No. 3, 2006.

③ Glen A. Joens, Theresa Shanahan, Paul Goyan, "Traditional Governance Structures-Current Policy Pressures: The Academic Senate and Canadian Universities", *Tetiary Education and Management*, No. 1, 2002.

④ ［德］尤塔·默沙伊恩：《大学治理与教师参与决策》，魏进平、马永良等译，知识产权出版社 2014 年版，第 44—49 页。

于结构主义，可以概括为两个维度的分析框架。

一　对大学治理结构进行本质主义分析

本质主义的思维模式认为探讨事物本质是科学研究价值所在，只有寻求本质才能发现事物变化发展的规律，才能用以指导实践并为人类谋福利。[①] 学者对大学治理结构进行本质主义的解读，认为一个有效的大学治理结构应该根据利益相关者组织属性并区分利益相关者的不同层次，将决策权按照实际需要分配给治理主体，通过构建不同主体间权力监督与制约关系，提高大学权力运行效率，满足“冲突和多元利益”的治理需要。

随着大学外部环境的变化和规模的扩张，大学的治理结构由简单变得复杂，其根本原因在于利益主体的多元和分化。[②] 当今世界，大学的利益与影响远远超出了大学自身的范围。大学治理结构应被看作是一个帮助大学适应现在复杂的社会环境、引领并推进大学治理发展水平的“超组织结构运行机制”，其实质是遵循大学内在逻辑并与现代社会相契合，重建大学变化中的力量平衡。[③] 以结构主义范式为指导的研究，关注的是如何通过完善治理结构来满足大学利益相关者参与大学治理的民主诉求；同时关注如何提高组织治理效率，满足社会经济发展对大学的期待。

从研究内容来看，大多数学者有关大学治理结构的研究主要是设计了宏观和微观治理结构，认为治理结构是现代大学制度的基石。[④] 以至于我国学者在研究大学治理时研究主体过于关注治理结

---

① 哲学大辞典编辑委员会编：《哲学大辞典（修订本）》，上海辞书出版社 2001 年版，第 722—723 页。

② 熊庆年、代林利：《大学治理结构的历史演进与文化变异》，《高教探索》2006 年第 1 期。

③ 龚怡祖：《大学治理结构：建立大学变化中的平衡力量——从理论思考到政策行动》，《高等教育研究》2010 第 12 期。

④ 龚怡祖：《大学治理结构：现代大学制度的基石》，《教育研究》2009 年第 6 期。

构，研究的理论基础和研究范式过于遵从治理理论基础上的结构主义研究范式。

大学治理结构是大学治理研究的核心问题，对于治理结构的实证研究则有利于对大学治理的深刻理解。在治理结构的实证化研究方面，社会网络分析一直是比较常用的分析工具。通过社会网络分析方法，可以看到大学存在多个权力中心，各主体间具有错综复杂的网络式互动关系。我国大学在现代大学制度建设中，需要构建多元嵌入的网络治理模式，通过结构嵌入、关系嵌入和认知嵌入等形式和途径增强大学内外部网络中的多种利益主体在大学治理结构中的嵌入度，并在持续互动、平等协商中形成信任与合作机制，从而实现大学的网络治理。①

现代大学内部治理结构的困境是行政权力与学术权力的失衡，改革的核心是分权和制衡。教授治校、教授治学等横向分权都无法落到实处，而纵向分权——实施学院自治是改革路径。即：学校党政、职能部门、学术权力机构下放治理权，让学院教授委员会行使学院决策权，院长行使执行权，学校党政领导集体及全院教职工行使监督权，从而形成分权与制衡的大学内部治理结构。②

完善大学治理结构，需要在横向和纵向两方面着力。在横向上，一方面要处理好学术事务与非学术事务的关系。从大学的组织特性出发，应当确立以学术为中心，使非学术事务更好地服务于学术事务，为学术发展提供保障和支撑。另一方面在学术事务管理上，要处理好行政管理与民主管理的关系。在纵向上，要处理好各层级的权力关系。在高等学校规模成倍扩张、学科设置日趋综合化以及政府对大学不断分权和放权的背景下，学校需要简政放权，降低管理

---

① 孟韬：《嵌入视角下的大学网络治理机制解析》，《教育研究》2011 年第 4 期。

② 仰丙灿：《学院自治：大学内部治理结构优化的路径选择》，《复旦教育论坛》2015 年第 5 期。

重心，这样便于学校层面转大放小，做好战略管理和政策指引。仅仅完善大学治理结构并不能实现大学的有效治理，大学内部的人际关系、中高层行政人员的领导力，对于大学能否实现有效治理至关重要。我国大学要真正实现有效治理，需要进行“顶层设计”，用一种系统的眼光审视存在的问题，既要完善大学治理结构，又要注重组织文化建设、领导力提升等非结构因素。①

从我国大学治理的有效性来看，从形式有效和实质有效两个维度考察，可以得出以下结论：大学利益相关者的民主权利诉求没有得到应有重视，治理形式的有效性有待提高；治理改革应坚持效率取向，不断强化党组织的领导地位，强化校级管理权力，提高决策自主性和决策效率，治理实质的有效性较高；大学应积极回应经济社会发展的新要求，社会效益成为评判治理改革成败的主要标准；提高大学治理有效性的主要路径是以争取更多自主权为核心，改革政府与大学之间的外部治理结构。②

我国高校中存在政治权力与行政权力边界不清、行政权力与学术权力冲突、民主管理权力乏力等问题。③

我国大学内部治理存在着内部权力配置不当，党、政、学关系不顺，学生、教工民主参与途径不畅等问题，极大地阻碍了高校的发展。完善大学内部治理结构，必须处理好大学内部政治权力、行政权力、学术权力、民主权力四种公共权力的配置与制衡关系；进一步优化由党委领导、校长负责、教授治学、共同参与、全委决策、民主管理六大要素构成的大学内部组织结构关系；建立和健全坚强有力的领导机制、民主科学的决策机制、行政权力与学术权力和谐

① 顾建民、刘爱生：《超越大学治理结构——关于大学实现有效治理的思考》，《高等教育研究》2011 年第 9 期。

② 朱家德：《我国大学治理有效性的历史考察》，《中国高教研究》2014 年第 7 期。

③ 徐志平：《完善大学内部治理结构应注意把握的几个问题》，《国家教育行政学院学报》2014 年第 1 期。

发展的机制、深度对话与平等协商的共同参与机制和公开透明的权力调控机制。①

大学内部治理结构功能在大学内部治理过程中对利益相关者之间决策权的行使和利益配置发挥着重要作用，具有协调利益、提升绩效、激励员工、保障学术、优化资源等功能。大学通过大力营造改革的舆论环境、广泛了解利益主体合理诉求、完善制度设计、增强风险评估、建立保障机制等途径来实现大学内部治理结构的功能。②

大学治理体系与大学治理能力是一种结构与功能的关系，大学治理能力的现代化有赖于大学治理环境的改观与大学治理体系的完善。中国大学现行行政控制型的治理模式，体现了高度行政化的大学治理环境与大学治理体系，也从根本上制约了整体的大学治理能力。为此，应从改良大学治理环境、重构大学治理结构、优化大学治理过程和建设大学治理文化等方面来推动大学治理环境的改善和大学治理体系的重塑，进而达成有效提升大学治理能力、促进大学治理能力现代化的目标。③

从美国密歇根大学治理体系的演变与发展中，依然能够总结出一些影响大学有效治理的普通因素：（1）完善的制度和结构是实现大学有效治理的前提条件；（2）保持大学自身的独立性和自主权是实现大学有效治理的根本；（3）共同协商的理念是实现大学有效治理的保证。④

美国大学治理是在大学自治的基础上发展起来的。在美国大学治理中，联邦政府扮演了“无为而治”的角色，州立法机关和政府

---

① 董泽芳、岳奎：《完善大学治理结构的思考与建议》，《高等教育研究》2012 年第 1 期。

② 郭平、黄正夫：《大学内部治理结构的功能及其实现路径》，《教育研究》2013 年第 7 期。

③ 陈金圣：《重塑大学治理体系：大学治理能力现代化的实现路径》，《教育发展研究》2014 年第 9 期。

④ 屈潇潇：《世界一流大学治理结构的有效性分析——以美国密歇根大学为例》，《云南师范大学学报》（哲学社会科学版）2015 年第 3 期。

主要通过法律和财政支持调节大学办学，州政府本身并不直接管理大学。美国大学奉行分享治理理念，外行治理、专家治理和共同体治理“三位一体”。在董事会、校长行政团队和教授会构成的治理结构中，董事会总揽全局，校长行政团队全面负责大学经营与日常运行，教授会承担学术决策、学术评议等事务，“三驾马车”目标一致、相互作用。美国大学依靠治理体系维护了自治地位，保护了各利益相关者的权益，成就了美国高等教育的卓越。①

大学治理结构的兴起源于外部发展环境变迁以及对权力滥用的限制。与大学治理结构相关的理论目前包括结构功能主义理论、委托—代理理论、多中心治理理论等学说。中国大学管理结构中的政治权力、行政权力与学术权力的冲突日益突出，党委书记与校长，非学术与学术权力纠葛尤为明显。中国大学治理结构应在遵循立法基本理念的基础上，巩固党委的政治与行政权力，强化大学学术权力，渐进地完善大学治理结构。②

大学内部治理变革承载着调整政府与高校边界、激发高校创新活力、推进依法治校、落实教育综合改革、体现大学“中国特色”等现实诉求。概念内涵上，治理体系是以大学“善治”为目标，以大学精神彰显、活力激发、绩效提升为导向，以民主参与、协商共治为理念，以制度体系为保障的大学秩序体系；框架要素上，围绕权力、权利、利益形成的“结构体系”是治理体系的抽象本质，“价值—制度—行动”体系是实质内容；治理体系的功能影响体现在价值体系、制度体系、行动体系等诸多方面。大学内部治理体系的构建需遵循以下原则：体现中国特色、尊重大学规律、兼顾开放性与耦合性、追求有效治理、平衡稳定性与动态适应性等。大学内部

---

① 别敦荣：《美国大学治理理念、结构和功能》，《高等教育研究》2019 年第 6 期。

② 董亲学：《大学治理结构中的权力冲突与组织设计》，《学术界》2018 年第 8 期。

治理体系构建的策略路径需理顺内外部治理关系、完善运行规程、优化资源配置、涵养治理文化。①

二 “现象—问题—方法”的规范研究

这一维度的分析框架是基于我国大学治理存在的问题进行“现象—问题—方法”的规范研究，在完全理性假设基础上的构建“政校分开、管办分离”的外部治理结构以及“党委领导、校长负责、教授治学、民主管理”的内部治理结构。大学的价值体现在为独立的决断和独立的治理，根据学校自身的特点确定办学特色，建立适应自身生存和发展的办学治理机制。从治理制度设计的视角看，目前外部治理亟待政府明确大学的性质、地位、社会责任范围、投资体系、规范的资源配置模式，使大学在一种规范的政府管理和稳定的社会环境下按照教育规律行使其独立法人权利；内部治理上，党委领导下的校长负责制需要决策权和执行权的相对分离，规范当事人的行为。②

大学的有效治理需要在“宏观有序、微观搞活”原则下，制度化地建构大学内外部关系的工作机制，通过转变政府职能落实大学的自主法人地位，通过发展社会中间组织缓冲政府与大学间的间接行政关系，通过合理规划大学的分类定位解决发展的使命方向，通过建章立制规范权责关系和完善约束机制，通过党委和校长间权力的合理划分保证办学的有序，通过基层学术组织建设增强学术创新的活力，最终实现政府目标和大学自治的统一。③

现代大学制度建设必须适应中国“由计划经济体系向市场价经

---

① 张衡、眭依凡：《大学内部治理体系：现实诉求与构建思路》，《高校教育管理》2019年第5期。

② 席酉民、李怀祖等：《我国大学治理面临的问题及改善思路》，《西安交通大学学报》（社会科学版）2005年第1期。

③ 马陆亭：《现代大学制度建设中的内部治理结构》，《北京教育·高教》2009年第6期。

济体系转型、由集权管理体制向分权管理体制转型、由大学行政化运作向去行政化转型”，从而回应宏观社会背景的变迁。同时必须有利于培养拔尖创新人才和产出高水平研究成果。[①] 从结构主义出发，有学者认为大学治理必须始终关注公平与效率的有机平衡问题，现代大学的治理越来越多地强调工作的效率与资源的使用效益，对公平性关注明显不够，而权力是解决大学治理中公平与效率之间冲突的一种重要手段和中间力量。[②] 大学民主管理与提高自理效率并非是不可调和的矛盾。民主管理有助于提高效率，但需要以民主管理与科学管理有机结合为前提，大学有责任在保证民主管理的基础上提高效率。[③]

大学如何在竞争中求得更大的生存和发展空间有赖于其效率的提高，而办学自主权的落实与扩大的一个重要议题就在于提高效率，提高效率是当前大学治理改革的普遍追求。[④] 也有学者认为，大学内部治理制度运行效率的评价是通过对大学产权制度、大学组织制度和大学管理制度进行了解、分析、测试，从而对大学制度的完善、有效和可靠程度做出价值判断的过程。因此，大学内部治理制度运行效率的评价是现代大学制度科学化过程中的一个重要环节，应尝试构建出评价模式。[⑤]

由于缺少强有力的外部制约与激励的制度安排，也没有形成制度创新的内生机制，当前我国大学治理改革陷入了“内卷化”的困境。[⑥]

---

① 周光礼：《完善中国现代大学制度——以大学章程为载体，以治理变革为突破口》，《大学（学术版）》2012 年第 1 期。

② 陈云超：《公平与效率视野下的大学治理平衡》，《教育发展研究》2008 年第 1 期。

③ 孙大军：《对当代我国高校治理中民主与效率问题的认识》，《教育评论》2014 年第 12 期。

④ 卢晓中等：《论高校效率与自主权》，《江苏高教》2015 年第 1 期。

⑤ 兰军瑞：《现代大学内部治理制度运行效率的评价模型构建》，《内蒙古师范大学学报》（教育科学版）2015 年第 7 期。

⑥ 孙百亮：《大学治理改革的“内卷化”及其规避》，《当代教育科学》2014 年第 7 期。

主要表现在大学治理改革基本上是对原有治理结构的复制、延伸和精致化，导致当前大学的压力越来越大，但效率并不高。大学治理的低效率主要是指大学没有形成合理结构，不能使教育资源得到充分的利用，不能有效地发挥和利用其教学、科研和为社会服务的功能，主要表现在大学治理主体的低效率、大学治理客体的低效率和大学治理机制的低效率。[①] 运用委托—代理理论和交易成本理论等分析工具，对美国大学董事会制度的功能和效率进行深入研究后，有学者认为，该制度有自我修正和自我发展的能力，整体具有节约交易成本、协调成本和制度转型的功能，是一种有效率的治理制度安排。[②]

大学治理结构不仅要满足校内外利益相关者的民主需求，还要提高决策效率和资源配置效率，更好地发挥大学的功能，以满足社会经济发展的需求。针对结构主义“不能解释结构相同的大学为什么绩效会出现那么大的差异，改造治理结构也未必一定产生预期的效果”[③]，有学者认为研究大学治理结构的有效性既要重视治理结构又要超越治理结构，关注大学文化、信任等影响治理行为等非结构性因素。也有个别学者从公共经济学的视角来研究美国大学的治理结构，认为大学治理结构会因为各类主体地位和作用的差异而对大学的资源配置领域产生不同的效率影响，[④] 发现了治理结构与治理绩效之间存在着正相关关系。好的治理结构可以带来好的治理绩效，差的治理结构不易于大学治理绩效的提高，但如何区分好的治理与差的治理，尚属于研究的空白领域。

---

① 史彩霞：《强制性制度变迁的困境——对中国大学治理结构低效率的制度解读》，《复旦教育论坛》2006 年第 4 期。

② 王绽蕊：《美国高校董事会制度：结构、功能与效率研究》，高等教育出版社 2010 年版，第 178—181 页。

③ 顾建民等：《超越大学治理结构——关于大学实现有效治理的思考》，《高等教育研究》2011 年第 9 期。

④ 程北南：《美国大学治理结构的经济学分析》，中国财政经济出版社 2009 年版，第 249 页。

国内大多数学者意识到参与对大学治理的重要价值和意义，学者们基于“大学是典型的利益相关者组织”的基本认识，逐渐接受并认同兴起于美国大学的共同治理理念。共同治理蕴含的是协商对话精神，多元主体参与的民主管理机制、追求公共利益最大化的治理目标、公开透明的共同治理决策过程、权责明晰的大学章程规定，[①] 对解构家长制与等级制的大学治理结构有重要的价值。

教师以及其所在学科或专业领域的专门修养成为大学三个职能活动的主体，对学科、专业领域的事务应当拥有主要的发言权，因此教师参与大学管理活动是高等教育性质和大学职能所决定和要求的。[②] 教师参与大学规章制度的研讨、制定，有助于提升教师的士气，激发教师的工作热情，增强教师对自己职业的满意度。[③]

20 世纪以来，美国大学共同治理面临着教师参与度降低、教师与管理者对共同治理存在着截然不用的理解、功能蜕变等困境。鉴于此，美国大学尝试通过工会化、在院校类型和治理风格间建立联系、加速共同治理决策进程、增进理解与合作等措施来应对，变革过程表明，共同治理依然是美国大学最具学术魅力的制度设计。[④] 我国大学治理改革有必要借鉴共同治理的理念，借以化解治理泛行政化趋势和实现权力共享与制衡。否则，教师就会缺乏主人翁的归宿感、责任感、荣誉感及主动性，[⑤] 进而抑制大学的学术生产力，降低大学的治理绩效。

针对“教授治学论”与“教授治校论”之争，有学者从大学发

---

① 刘军仪：《民主、协商、合作：来自美国明尼苏达大学共同治理模式的经验》，《外国教育研究》2011 年第 12 期。

② 潘懋元：《多学科观点的高等教育研究》，上海教育出版社 2001 年版，第 293 页。

③ 李如海：《美国教师参与决策研究述评》，《江西教育科研》1997 年第 6 期。

④ 余承海等：《当代美国大学共同治理的困境、变革及其启示》，《高等教育研究》2014 年第 5 期。

⑤ 曲铭峰等：《哈佛大学与当代高等教育——德里克 · 博克访谈录》，《高等教育研究》2011 年第 10 期。

展的历史轨迹辨明，认为教授既主导治学，也参与治校，两者并非截然对立；从现代大学运行的实际来看，治学与治校主体经常交叉，绝非某一个主体独享某一专有领地；从教授治学与教授治校的内在逻辑看，二者既有区别也有联系，不是非此即彼的关系。[①] 针对学术人员忠诚于学科，行政人员忠诚于学校，有人认为，吸收教师参与大学治理有利于实现大学教师在学科和组织结构中“双重忠诚”的统一。当前，我国大学治理中亟待解决的问题是教师的参与如何增进，针对这一问题，除了应通过强化教授的制度化权力来促进教师参与之外，还应在此基础上建立教师和行政人员之间的协商对话机制，[②] 通过确立教师在校务治理决策中的权威地位，构建以学术权力为主导的大学内部治理结构，解决大学内部治理中的权力配置失衡问题。[③]

当然，教师参与大学治理也存在一定的弊端。大学治理向教师们大门洞开完全忽略了知识与官僚之间的必要界限，混淆了学术权威和行政权力之间的区隔，很难达到现代大学治理的要求：在理念方面，过度的教师参与背离了大学的核心价值；在过程上，教师全面参与大学治理不可避免地会带来教师参与能力的困境；在结构上，教师完全参与的共同治理模式降低了大学决策的效率。[④] 教师参与大学治理的实践表明，教师对涉及自身经济利益的如福利分配、教师培训计划等事务有较高的参与意愿，而对办学目标、发展战略等与教师切身利益间接相关的事务则表现出较低的参与意愿。[⑤] 教师参与的决

① 杨兴林：《论教授主导治学与参与治校的统一》，《复旦教育论坛》2015 年第 1 期。

② 郭卉：《如何增进教师参与大学治理——基于协商民主理论的探索》，《高等教育研究》2012 年第 12 期。

③ 谭晓玉：《教师参与大学内部治理：角色定位与制度反思》，《复旦教育论坛》2015 年第 1 期。

④ 陈星平：《现代大学共同治理中的教师参与》，《学术界》2011 年第 5 期。

⑤ 李永生：《教师民主参与管理的调查与分析》，《教育研究与实验》2002 年第 9 期。

策常常是关于一些常规的、无关紧要的问题，从形式上看，教师参与了学校决策，但实质上，教师参与决策的权利并未得到充分体现。[①]

我国高校的“双一流”建设需要立足于国情，展现我国的文化自信和学术自觉，同时遵循知识生产和科学管理的基本规律。在此背景下，大学治理绩效的提升根本上取决于人的因素，[②] 这一观点也逐渐成为共识。

大学治理需要完善的制度，也需要良好的文化，制度和文化是大学治理的两座基石。制度与文化存在相互嵌入、相互影响、相互转化的关系。在制度与文化的相互关系中审视大学治理可以发现：大学制度建设缺乏相应的文化基础；大学文化建设忽略与制度的关系；大学制度与大学文化的沟通机制缺失。要想在制度与文化相互关系中推进大学治理，还需要在制度与文化互动关系中认识大学治理，立足中国特色来建立独特的大学文化，以文化为基石，推动大学制度建设。[③]

三　对国内外大学治理研究的评述

整体来看，大学治理有效研究范式有两种：结构主义和人—文化主义，其中结构主义范式居主导地位。近年来，西方学者在整合上述两种研究范式的基础上，逐渐发展出问责主义，运用定性与定量相结合的方法来研究大学治理的有效性。布莱曼（Bryman）于2007年提出了一个包含13个指标的大学治理评估框架。在国内，已有学者开始讨论大学治理的有效性特征和评价指标，主要包括大学目标的整体适合性、与外部环境的协调性、独立性、开放性、可持续发展性和效率。国内学者已经意识到大学治理有效性研究的重要

---

① 李春玲：《对教师参与学校决策的深层次思考》，《教学与管理》2000年第5期。
② 邹兵：《“双一流”背景下我国高校治理的优化路径》，《江苏高教》2018年第1期。
③ 张德祥、王晓玲：《制度与文化相互关系中的大学治理》，《教育科学》2022年第4期。

性，但现有研究仅限于讨论层面，没有提出具体可操作的评价方案和评价手段。当前，我国高等教育改革正处于攻坚期，如何判断现有治理的有效性、提高大学治理绩效，对提升大学治理能力具有重要理论和实践意义。

需要注意的是，西方学者认为大学自主、学术自由素有传统是不证自明的，因此他们研究大学治理的终点是大学内部管理权力的分配和平衡，较少讨论大学外部治理结构。而我国学者在研究大学治理时非常重视大学与政府、大学与社会的关系，热衷于构建大学外部治理结构，同时也非常关注大学内部治理结构。随着《国家中长期教育改革和发展规划纲要（2010—2020年）》《高等学校章程制定暂行办法》《教育部等五部门关于深化高等教育领域简政放权放管结合优化服务改革的若干意见》《中央高校建设世界一流大学（学科）和特色发展引导专项资金管理办法》等一系列政策和制度的制定与实施，我国大学的治理结构将在一段时间内相对稳定。但大学治理在很长一段时间内仍将是高等教育研究的重点问题；与之前关注大学治理结构重构相比，今后的研究重点将转向优化大学治理过程以及大学治理质量评估。如何提高大学治理质量必将成为政府和大学共同关心的一个理论与实践问题。大学治理质量评估的重点内容之一就是治理有效性的评估。有关治理的有效性问题在公司治理和公共治理领域引起了高度重视，有关理论和实践研究方兴未艾。在公司治理研究领域，有关监事会治理有效性问题的研究，学者以制度演化过程中的路径依赖、制度互补与战略互补为问题着眼点，构建了以正当性、互补性与经济合理性为核心概念的评判监事会治理有效性的理论模式。① 在公共管理领域，有效治理也是近年来一个新的学术热点，“有效治理乃是中国民主政治建设合乎逻辑的现实目

① 王世权：《监事会治理的有效性研究》，中国人民大学出版社2011年版，第89—96页。

标和基本准则"[1]，但权威体制与有效治理仍是一对深刻的矛盾。[2]

综合来说西方学者总结的大学治理模式可以分为共同治理模式、科层模式、政治模式和有组织的无政府模式。不管采用何种的治理模式，"学校自治与学术自由"早已成为西方国家大学治理的基本理念，但是在市场经济的冲击下，传统经典的"教授治校"结构已经逐渐演变成学术人员治理、公司治理、董事会治理、利益相关者治理和混合治理结构。西方学者认为大学自主、学术自由是不证自明的，因此他们研究大学治理的重点是大学内部管理权力的分配和平衡。我国学者一致认为我国高等教育要减少政府介入、加强学校的办学自主权、加强学术权力、建立大学的权力制衡机制以及兼顾各方利益相关者的权力。同时很多学者都认为一个良好的大学治理结构旨在提高行政效率，保持政府、社会和大学平衡，促进大学尽可能地提高运行效率，他们在国外大学治理的成功经验启发下，努力设计着我国大学的治理结构。

由于国外大学制度比较完善，近十几年来，国外学者们已经将研究重点从治理结构转向对大学文化和治理过程进行研究，认为大学的组织文化对治理的影响更加重要。我国学者在研究大学治理结构时非常重视大学与政府、大学与社会的关系，热衷于建构理想化的大学治理结构，但是鲜有对目前我国大学治理现状的具体分析和描述，更缺乏对治理过程的关注。此外，现有研究更多的是基于教育学、行政学等角度，而缺乏以经济管理学为视角的相关研究。虽然大学治理的有效性问题已经受到了我国学者的重视，但是目前还缺乏实证化的系统研究。

---

① 何显明：《基于有效治理的复合民主：中国民主成长的可能方式》，《浙江社会科学》2011 年第 8 期。

② 周雪光：《权威体制与有效治理：当代中国国家治理的制度逻辑》，《开放时代》2011 年第 10 期。

第三节 对大学治理的有效性研究

大学治理有效性的研究是大学治理的一个组成部分，但是以前大学治理的研究多数从大学的理念、制度和文化入手，主要研究大学的治理结构、治理文化等，对于大学治理的有效性研究比较缺乏。大学治理的有效性是从效率和效果的视角来分析和测量大学治理，效率是大学治理的产出或绩效与大学治理的投入之间的比较，效果是大学治理的目标与投入之间的比较。

治理的有效性问题在公司治理和公共治理领域引起了高度的重视，其相关理论和实践方兴未艾。研究表明，在控制公司规模、财务杠杆、行业主营业务收益率及固定资产占总资产比重的情况下，公司治理结构能够对公司经营绩效产生影响。① 研究表明，上市公司董事会的规模与会议次数和内部控制有效性无关；独立董事比例、审计委员会的设立、董事持股比例与内部控制有效性正相关；董事长与 CEO 二职合一与内部控制有效性负相关。② 我国的公司治理改革已到了治理有效性的关键节点，公司治理建设依然处于攻坚克难的关键时期。在已有进展基础上，进一步深化公司治理改革，就是要着力解决治理有效性问题。③ 经过监管部门和企业的共同努力，上市公司治理结构与机制建设已经取得了明显成效，为公司治理有效性的建设搭建了基本的架构。④

---

① 程晓陵、王怀明：《公司治理结构对内部控制有效性的影响》，《审计研究》2008 年第 4 期。

② 谢竹云、卫尉、徐彪：《企业内部控制有效性影响因素的实证》，《统计与决策》2017 年第 14 期。

③ 李维安：《深化公司治理改革的风向标：治理有效性》，《南开管理评论》2013 年第 16 期。

④ 李维安：《中国公司治理指数十年——瓶颈在于治理的有效性》，《南开管理评论》2012 年第 6 期。

在研究公司治理的有效性问题中，有一个中间变量就是内部控制，内部控制是企业为了合理保证财务报告的可靠性、经营活动效率性和效果性以及对法律法规的遵循，由治理层、管理层和其他人员设计和执行的政策和程序。通过内部控制的有效性研究，治理结构、内部控制有效性和治理有效性之间就架起了联系的桥梁。国内外学术界对如何提升公司绩效进行了深入，研究发现，内部控制有效性的不完善和公司治理机制的不合理是导致公司绩效低下的重要原因，因此，研究公司治理结构对内部控制有效性的影响成为公司治理有效性研究的主要研究路径。①

组织目标的差异，使得公共治理与公司治理的有效性产生了巨大的差异。影响政府绩效水平的因素十分广泛，而在所有可能的因素中都包含有效治理和政府角色这两个基本元素。然而，对于这些因素之间是如何构成因果关系的研究却十分有限。② 中国公共治理有效性是中国式现代化的重要彰显和支撑。中国式现代化发展的历程蕴含丰富的公共治理理论与实践经验，它是扎根中国本土、彰显中国特色的重要公共治理成果。从目标、组织、规则、手段、制度等公共治理的基本要素出发，有助于构建中国式现代化视域下公共治理有效性的理论框架，并从历史与比较的角度对该理论框架进行规范性证成。坚持以人民为中心的价值取向、发挥中央与地方两个积极性、突出改革试点与政策灵活性、注重基层治理、强化政治领导的权威等是中国公共治理有效性的重要特征。③ 公众参与是提高公共治理有效性的重要途径之一。公众参与意愿、制度障碍与观念差异等因素均能够对公众参与城市公共危机治理的有效性产生影响。提

① 李育红：《公司治理结构对内部控制有效性的影响》，《中国注册会计师》2011 年第 3 期。

② 劳伦斯·列恩、罗比·沃特斯·罗比丘、宋阳旨：《治理和组织有效性：政府绩效理论的视角》，《国家行政学院学报》2014 年第 6 期。

③ 程波辉、叶金宝：《中国式现代化视域下公共治理的有效性研究》，《学术研究》2022 年第 11 期。

高城市公共危机治理中公众主动参与的有效性，可通过培育公众参与意识来提高公众参与能力。[①] 然而，参与实践中普遍存在参与有效性不足的问题。究其原因，包括参与主体的参与热情与参与能力不足；参与代表性差；参与途径的可及性、畅通性、适用性差；参与程序不完善；参与环境不健全等，共同制约了有效参与和治理水平提高目标的实现。[②]

有别于公司治理和公共治理的有效性研究，大学治理的有效性研究才刚刚开始引起学者们的关注。对于大学治理的有效性研究，欧洲学者主要是运用定性和定量相结合的方法来研究大学治理结构，论证治理结构与治理绩效之间的关系以及什么样的治理结构会带来更好的绩效。[③] 大多数学者的观点以及一些案例证明，完善的大学治理结构可以改进大学的绩效。[④] 好的治理结构可以带来好的治理绩效，差的治理结构不利于提高大学的治理绩效。

21 世纪以来，英国颁布多份高等教育治理政策文本以指导与规范高校治理事务。强调英国高校治理主体应每隔两年到三年采用严格且正式的程序来评估其本身及下属委员会的有效性。这些政策文本建议治理主体定期开展有效性评估，评估周期最长五年一次。在评估时，建议英国高校依据关键绩效指标（key performance indicators）来衡量自身的治理是否有效，也建议在评估时与同类高校比较。2009 年，《英国高等教育中一个有效与高性能的治理主体是什么样?》（*What is an Effective and High Performing Governance Body in UK*

① 吴志敏：《城市公共危机治理下公众主动参与有效性研究——基于协同治理视角》，《学术界》2018 年第 2 期。

② 刘红岩：《当前中国公共治理实践中的有效参与分析》，《经济研究参考》2014 年第 34 期。

③ Cjhe, M. D. , J. G. March, *Leadership and Ambiguty*: *The American College President*, Boston: Harvard Business School Press, 1986.

④ Villsrreal, E. , "Innovation, Organaisation and Governance in Spanish University", *Teriary Education and Management*, Vol. 2, 2001.

Higher Education?）报告中首次提出有效治理的两个维度：有效治理的促进因素和有效治理的结果。①

治理有效性的研究基础是要找到什么是好的治理结构。但是，好的治理结构与差的治理结构如何区分？好的治理结构有什么特征？目前的研究尚未能回答这些问题。因此，研究大学治理的有效性问题以及如何评估大学治理结构和治理过程的优劣程度是非常有必要的。如何提高大学治理质量必将成为政府和大学共同关心的一个理论与实践问题，大学治理质量评估的重点内容之一就是评估治理结构的有效性。②

有学者在研究了美国公立大学的翘楚，被誉为“公立常春藤”和“公立大学的典范”的密歇根大学的治理之后，总结出一些影响大学有效治理的普遍因素：完善的制度和结构是实现大学有效治理的前提条件；保持大学自身的独立性和自主权是实现大学有效治理的根本。③

有研究使用了德尔菲法来征求专家对于大学治理有效性测量的意见，采用访谈方式，经过第1—3轮独立访谈，收集专家意见，构建指标清单和指标权重。同时，将非参数统计技术应用于调查数据分析。专家们提出了大学治理的五个维度，即管理和指导、参与、问责制、自治与透明度。初步结果显示，所有指标的重要性都相对较高，各指标和因素的权重差异显著。在五个维度中，专家在参与和透明度方面的共识较低。④

---

① 朱剑、徐少君：《英国大学理事会治理有效性研究——基于20所大学理事会治理有效性评估报告的解读》，《国家教育行政学院学报》2019年第11期。

② 朱家德：《提高大学治理的有效性——20世纪60年代以来西方大学治理结构变化的总趋势》，《中国地质大学学报》（社会科学版）2012年第6期。

③ 屈潇潇：《世界一流大学治理结构的有效性分析———以美国密歇根大学为例》，《云南师范大学学报》（哲学社会科学版）2015年第5期。

④ Đỗ Thị Ngọc Quyên, “Developing University Governance Indicators and Their Weighting System Using a Modified Delphi Method”, *Procedia-Social and Behavioral Sciences*, Vol. 141, 2014.

是否有利于促进大学目标的实现是判定治理结构有效性的首要标准，当然，这一目标与大学履行其传承、创造和发展实施等学术使命相一致。澳大利亚大学校长委员会在治理申明中说道："没有一种单一的方法可以达到有效的治理安排""但是在具体的情况下，这种结构可以实现，并视情况不同而有所差异。检验标准应该是结构对于建立有利于实现大学特殊使命基础上的整体目标的适合性"。[①]牛津大学治理白皮书的有效性原则要求治理结构能实现大学全体教职会议制定的目标，能鉴定机构风险以及应对将来毫无疑问会面临的挑战。[②] 有效的大学治理结构首先是能体现大学的价值并为大学目标服务的。妥善的大学治理不是大学成功的唯一保障，但是有效的治理如果与大学的战略目标、发展计划及文化背景协调一致，就可以极大地促进该大学的发展。[③]

对于大学治理有效性的研究，有人提出了研究校院的权力分配的问题，认为：当前我国高校治理重心偏高，权力仍然集中于学校层面的现实，使得大学发展面临着原动力不足的挑战，与实现教育治理体系和治理能力现代化的时代要求相背离。因此，改革大学校院两级管理结构、推动大学治理重心下移，实现从"校院两级管理"向"院为实体"转变，已经成为探索我国大学新型校院关系、释放院系办学活力、提高校院两级治理效益的关键。

以治理有效性作为研究对象，在方法上又存在很大的局限性，原因在于很难以客观定量的方式及指标来衡量大学的治理过程及治理结果。因此，一个可行的方法就是深入梳理国际上一流大学的治理结构，分析其学校绩效与学校治理之间的关系，进而为我国一流

---

① Australian Vice-Chancellors' Committee, Chacelleors and AVCC Statement on University Governance, March, 2003.

② University of Oxfod, *Whilte Peper on University Govermance*, 2006, p. 107.

③ ［英］迈克尔·夏托克：《成功大学的管理之道》，范怡红译，北京大学出版社2006年版，第107页。

高校的有效治理提供比较和借鉴的依据。[①]

第四节　对大学院系治理的研究

关于学院治理的概念，有学者基于利益相关者的视角[②]和权责划分的视角[③]，对学院治理概念进行了辨析。钱颖一认为，学院内部治理是指涉及学院教师和职员的职责和权力的配置；学院外部治理的内容则是明确学院与大学的关系，发挥学院外部利益相关者的作用。[④] 在高等教育高速发展进程中，院系治理不仅显得越来越紧迫，而且已经成为大学治理的重要组成部分，做好院系治理已成为保障大学事业健康发展的内在要求。[⑤]

一　学院内部治理

学院治理的首要问题就是治理的结构，所谓结构主要是学院内部的权力分配问题。对于院系权力的划分，有学者认为院系内部主要有五种权力，分别是以党委书记为代表的政治权力、以院长为代表的行政权力、以各专门委员会为代表的学术权力、以学校职能部门为代表的经济权力、以教授个体为代表的象征权力。[⑥] 对 92 所大学的章程分析得出，学院办学主体地位没有得到充分落实，仍然没

---

① 屈潇潇：《世界一流大学治理结构的有效性分析——以美国密歇根大学为例》，《云南师范大学学报》（哲学社会科学版）2015 年第 5 期。

② 李立国、张翼：《美国研究型大学学院治理模式探析》，《清华大学教育研究》2016 年第 6 期。

③ 王建华：《学院的性质及其治理》，《中国高教研究》2017 年第 1 期。

④ 钱颖一：《学院治理现代化：以清华大学经济管理学院为例》，《清华大学教育研究》2015 年第 2 期。

⑤ 张德祥：《我国大学治理中的若干关系》，《高等教育研究》2018 年第 7 期。

⑥ 刘恩允、周川：《学术主导、分类驱动、协同推进——我国大学院系治理机制探究》，《高等教育研究》2017 年第 8 期。

有突破传统的校院关系；在学院治理结构方面，章程未能起到应有的制度规范作用，在学院治理的实践中仍然存在许多问题，学院内部权力边界不清，缺乏相应的议事制度。[①] 以美国三所研究型大学作为代表探究学院治理的制度设计，发现教师评议会、理事会是学院最高权力机构；以院长为核心的行政管理团队是学院行政事务的执行中心；学术治理的主体是常设委员会，行政管理由管理咨询委员会负责。[②]

治理模式是学院治理研究的核心。目前，我国学院普遍将党政联席会议制度作为学院的最高决策形式。[③] 学院是人才培养、科学研究的承担者，学术事务是最为主要的任务。因此，有研究将学院治理模式概括为三种类型，即行政主导治理模式、学术引领治理模式和党政联合治理模式。[④] 也有研究提出学院治理由党总支、教授委员会、院长、二级教代会完成，党总支是学院的政治核心，教授委员会是学院学术核心，院长是学院行政核心和执行中枢，教代会是教师参政议政的参与平台。[⑤]

在学院治理体系中采用党政负责、教授治学、师生参与的共同治理模式,[⑥] 也是化解学院廉政风险、铲除滋生学院领导腐败土壤的基础。[⑦]

---

① 张德祥、李洋帆：《二级学院治理：大学治理的重要课题》，《中国高教研究》2017 年第 3 期。

② 何晓芳、任小琴、王洋：《牛津大学学院治理结构分析》，《上海教育评估研究》2018 年第 4 期。

③ 祝士明、高洁：《“党政教民”协同治理：大学二级学院治理结构》，《现代教育管理》2018 年第 9 期。

④ 闫建璋、孙姗姗：《高校二级学院内部治理模式探析——基于权力配置差异的视角》，《清华大学教育研究》2022 年第 3 期。

⑤ 朱海珅、韩泽林：《利益相关者理论下的大学内部治理研究》，《内蒙古师范大学学报》（教育科学版）2013 年第 5 期。

⑥ 盛况、罗志敏：《公办高校二级学院治理体系及其实现策略》，《现代教育科学》2021 年第 3 期。

⑦ 李正元、付鹏、胡德鑫：《廉政建设视域下的大学内部治理》，《国家教育行政学院学报》2015 年第 7 期。

也有学者在我国现有政策法规框架下，凝练提出了“党政共管、分工合作、教授治学、民主协商”的“协商共治”模式。[①] 类似的还有党的政治领导和组织保障、行政管理和调节服务、学术建设和科学决策、民主管理和日常监督的不同角度科学发力的“党政教共同治理”。[②]

教师参与院系学术治理的重要性是不言自明的，但从调查结果来看，普通教师处于学术权力的边缘。[③] 现有的教职员工参与内部治理渠道单一，长期积累下来的行政权力过于集中等因素阻碍学校朝着以科学、规范、制度、共享等为特征的善治和共治方向发展。[④] 无疑，在建设高质量教育体系的新时代，学术权力在学院治理中的彰显是治理有效性的重要保障。因此，一些高校积极探索“教授治学”，在学院层面建立具有决策职能的教授委员会组织。当然，“教授治学”中的“教授”，并非专指大学中的高级职称者，而是指代那些具有较高教学科研水平及学术管理水平的教师代表，学术委员会的组成中应当有一定比例的青年教师。[⑤] 有学者建议：我国高校二级学院建立党、政、学三者共同负责、分工合作的机制，实行“党政学联席会”制度。[⑥] 当然，构建科学有效的高校院系内部治理制度体系需要坚持和加强党的全面领导、遵循办学办院的规律、坚持国际化视野与本土化立场相统一、体现高校特性和院系一线特点。[⑦]

“大数据”为打破院系各自为政、信息孤岛的局面，促进跨界融

---

① 李成恩、常亮：《协商共治：我国大学院系有效治理的可行模式》，《中国高教研究》2017 年第 6 期。

② 韦希：《从“党政共同负责”管理体制到“党政教共同治理”权力结构——关于高校二级学院（系）新型治理结构的构想》，《国家教育行政学院学报》2015 年第 3 期。

③ 张继龙：《院系学术治理中的权力圈层结构——基于教师参与的视角》，《高等教育研究》2017 年第 4 期。

④ 张雷生：《高校院系内部治理结构现状调查研究》，《高校教育管理》2017 年第 3 期。

⑤ 张笑涛：《“教授治学”的内涵及落实路径》，《江苏高教》2016 年第 3 期。

⑥ 严蔚刚：《教授委员会在高校二级学院治理结构中的地位》，《复旦教育论坛》2013 年第 4 期。

⑦ 胡华忠：《我国高校院系内部治理制度体系构建：精神理念、内涵要义与实践要求》，《现代教育管理》2022 年第 3 期。

合和相关学科资源共享，突破自然科学与社会科学、基础科学与应用科学的边界与壁垒，提供了直接的技术支撑。[①] 基于此，有学者提出了大学院系画像的四步构建流程，即获取院系履职数据、分析院系特征属性、建立院系标签体系和院系画像可视化。深度挖掘和充分利用大学院系层面的数据价值赋能院系治理，有助于提升大学院系的现代化治理水平。[②] 在大数据背景下，应重视大数据对院系治理的时代价值，提升人员大数据建设和运用水平；在构建院系大数据平台基础上，将大数据充分应用于高校院系决策、院系运行常态化监管和院系评估等工作。[③]

二 学院学科建设

在学院治理的研究中，很多问题涉及学院的学科建设。学院既是学科建设的依托，也是学科建设的组织者和实施者。教师工作在院系、学术生活在院系，院系最了解学科发展的现状及自身的优势与劣势，最知道学科应该如何发展及其努力方向、目标和实现的途径。院系是推动学科建设的关键，学科建设必须紧紧抓住院系这个关键。[④] 学院治理的研究必然与学科治理密切相关。所谓学科治理，就是学科建设和发展过程中学科诸多重大事务决策的结构和过程。即在特定的治理环境下，依托相应的治理文化，学科决策主体依据既定的学科决策权安排，经由特定方式和过程做出学科发展相关重大事务的决策。[⑤] 一流大学和一流学科的实际“操盘手”是学

---

① 王战军、肖红缨：《大数据背景下的院系治理现代化》，《高等教育研究》2016 年第 3 期。

② 于方、刘延申、郝明睿等：《基于多源履职数据的大学院系画像构建与应用》，《现代教育技术》2021 年第 6 期。

③ 查永军：《大数据与高校院系治理》，《中国电化教育》2018 年第 1 期。

④ 张德祥：《高校一流学科建设的关系审视》，《教育研究》2016 年第 8 期。

⑤ 谢凌凌、陈金圣：《学科治理：地方高校学科建设的核心议题》，《教育发展研究》2017 年第 7 期。

院，因此必须根植于一流学院建设：其一，现代大学是底部沉重的巨型组织，“双一流”建设的重心在基层；其二，学院是科层制与松散结构的混合体，这种结构恰恰适应了实现创新知识要素的自由流动和交叉融合的要求；其三，学院具有合体性，即育人单位与研究单位合一，只有一流学科的建设成果反哺到人才培养上，才是有意义的。①

要建成世界一流学科，就必须将“学科建设”的宏观政策话语转换成为“学科治理”的微观实践逻辑。学科治理是以一种“嵌入”的方式内生于大学治理体系中的。②“双一流”建设要按照教育规律办事，给予二级学院更大的自主空间，通过营造稳定与健全的学术氛围，形成尊重学术、尊重学者与学生、尊重学院学科治理的主导作用，激发学院的办学积极性、自主性和创造性。③一流学科建设虽然关系学校和学院层面，但是，学科和主体都下沉在学院。学院各个机构的运行将直接影响学科建设。过去行政命令式的管理方式不利于学术权力在学科建设中发挥应有的作用。④

当前，学科治理现代化面临许多现实困境。首先是治理主体和结构的“领导化”和单一化，⑤学院的党政领导往往就是学科的学术带头人，而学科治理则完全被行政化的学院治理所取代，学科层面的诸多重大事务往往是由行政、学术“一肩挑”的学院领导来集

---

① 杨朔镔、杨颖秀：《“双一流”背景下大学院系治理现代化探论：自组织理论的视角》，《教育发展研究》2018 年第 5 期；龙宝新：《“双一流”建设背景下二级学院内部治理的机制与架构》，《高校教育管理》2019 年第 4 期。

② 何晓芳：《学科嵌入式治理：一流学科生成与发展的制度逻辑》，《中国高教研究》2019 年第 9 期。

③ 李立国、冯鹏达、张海生：《“双一流”建设中的组织合法性与制度趋同——对 414 位高校二级学院院长的调查分析》，《国家教育行政学院学报》2021 年第 1 期。

④ 马敏：《“双一流”背景下二级学院管理现状与治理改革探析》，《教育观察》2020 年第 21 期。

⑤ 方晓田、彭江：《中国大学学科治理现代化：内涵、困境与路径》，《湖北社会科学》2021 年第 7 期。

权决策;[①] 其次是治理组织的“虚化”和“纯化”，学科常常沦为学科带头人的“私人领地”，其他学科成员在学科重大事务的决策中缺乏话语权，极易形成少数学科带头人个人独断的学科重大事务决策“利己”而非“利群”的趋向；最后是治理机制的“外生化”和集权化、文化生态的浮躁化和资本化。在一流学科建设中，容易存在学院与学科两个组织之间的矛盾，这种矛盾甚至可能危及组织的正常运行，有案例表明学科从学校获得的资源远不能满足它们的发展需求；各种办学资源在进行二次分配时受到现行学院领导体制的影响，导致哪个学科在学院领导班子中占据更有利的地位，其享有的话语权和获得的资源会更多。[②]

三 学院领导者

学院的重要领导者主要是院长和院党委书记。学院院长有三重角色，分别为价值领导、行政领导和学术领导。在价值层面，院长需要孕育学院文化，运用组织核心价值观引领师生个体价值观。[③] 还有学者将院长角色扮演的表现形式划分为四类：学术领导、行政领导、默会领导[④]、权力支撑。默会领导以学术活动为参照目标，衡量学院领导者参照性权力的使用是否得当。[⑤] 在这些角色中，学术领导是学院院长的本真角色。学院院长应充分发挥学术领导作用，兼顾其他领导角色，从而推动学院学术事业不断发展。[⑥] 院长的遴选机制

---

① 谢凌凌、陈金圣：《学科治理：地方高校学科建设的核心议题》，《教育发展研究》2017 年第 7 期。

② 陈廷柱：《系治理改革的路径选择及其系统化策略》，《中国高教研究》2017 年第 1 期。

③ 郑文力、叶先宝：《我国大学院长角色演变与冲突调适》，《江苏高教》2017 年第 6 期。

④ 在学院的知识活动中，不仅有显性知识的活动，也有隐性知识的活动，也就是“默会知识”的活动。默会领导倾向于关注默会知识在学院的知识发现、传播和应用中的作用。

⑤ 陈珂、张旭、冯丽谦：《要素构成与能力提升：高校二级学院领导者角色扮演研究》，《黑龙江高教研究》2017 年第 10 期。

⑥ 郭赟嘉、闫建璋：《学术领导：大学二级学院院长角色的本真定位》，《现代教育科学》2014 年第 1 期。

对学院长远发展意义重大。目前存在的问题主要表现为选拔过程的科学性不足、选拔实际效果不理想、选拔实践中若干关系有待处理。[①]

院长需要扮演多重角色，会引起角色之间的矛盾冲突。第一，角色设计与角色期望会影响院长角色冲突，不同群体有不同诉求，这会使院长身陷多重角色的困境之中。[②] 第二，角色职权模糊也会导致院长角色冲突。院长在实施权力时依然面临着学校集权的困境，院长负责的事务琐碎而繁杂，很容易产生职位权力的不匹配和冲突。[③] 第三，职权范畴不清晰会导致学院院长和党委书记处理工作时出现推诿、越权、权责范围交叉等问题，使院长角色产生冲突。[④] 第四，职位因素也会使院长角色产生冲突。由于院长需要同时兼顾学术角色和行政角色，因此高校二级学院院长存在中度偏上的角色冲突。[⑤] 另外，由于院长同时具有学术管理权威和行政管理权威，双重权威存在合法性条件异质、认同条件异质和实现手段异质性，因此导致院长具有双重性格。[⑥] 院系党政负责人到底应该扮演领导角色还是服务角色，这始终是一个问题。实践中，领导与服务是分不开的，两种职责往往兼而有之。学院与院属系相比，学院负责人的领导角色更明显一些，系负责人的服务角色更明显。[⑦]

学院党委书记也是学院的重要领导者，院党委书记作为高校二级单位党委"一把手"及党风廉政建设"第一责任人"和"执行

---

① 余利川、段鑫星：《"夹缝生存"："双一流"建设高校二级学院院长的权责困境与生成逻辑》，《江苏高教》2022 年第 2 期。

② 郑文力、叶先宝：《我国大学院长角色演变与冲突调适》，《江苏高教》2017 年第 6 期。

③ 郑文力、叶先宝：《我国大学院长角色演变与冲突调适》，《江苏高教》2017 年第 6 期。

④ 郑文力、叶先宝：《我国大学院长角色演变与冲突调适》，《江苏高教》2017 年第 6 期。

⑤ 姜华：《高校二级学院院长的角色冲突》，《中国高教研究》2011 年第 10 期。

⑥ 罗泽意：《大学二级学院院长双重性格生成的逻辑》，《江苏高教》2022 年第 2 期。

⑦ 阎凤桥：《如何发挥院系基层党组织的作用?》，《国家教育行政学院学报》2022 年第 4 期。

人”，肩负“一岗双责”重任，在党风廉政建设中发挥着战斗堡垒功能。[①] 高校基层党总支书记主要有三种角色：一是牢牢把握院系教育教学的“方向盘”；二是做好院系发展的“加油站”；三是做院系良性运转、构建和谐关系的“润滑剂”。[②] 书记要胜任和创造性地完成好这一岗位的职责要求，必须具有两种基本素质和理念追求：一是要“旗帜鲜明”，即政治立场坚定不移；二是“润物无声”，即尊重高校教学规律，追求实效，以身作则、身体力行地领导、引导和营造健康、和谐、团结、进取的工作氛围。[③]

四 学院外部治理（校院关系）

校院关系是学院外部治理的核心内容，撇开大学与院系的关系来谈学院治理，无异于舍本逐末。但由于学校组织结构的复杂性、职能的多样性、组织本质的学术性，大学与院系的权责划分和互动关系又呈现出极其复杂的状况，而大学与院系的关系又是最难处理的一对关系。[④] 随着高校内涵式发展的不断推进，学院作为高校内部的主要办学单位，处于十分重要的位置，理应成为高校治理的主体单位。[⑤]

上海交通大学“院为实体”改革的目标是形成校院协同发展、充满活力的大学内部治理结构，促进由“校办院”向“院办校”转变，改革的主要措施包括“院系综合预算”和“协议授权”。大学向学院放权、扩大学院的办学自主权后，学院如何合理运用权力将

---

① 鲜红、龚洪：《高校二级单位党风廉政建设中党委书记的角色定位及作用》，《学校党建与思想教育》2017 年第 6 期。

② 时明德：《高校基层党总支书记的三种角色》，《学校党建与思想教育》2014 年第 21 期。

③ 刘勇强：《既要“旗帜鲜明”，也要“润物无声”——对高校二级学院党总支书记职责的理解与思考》，《黑龙江高教研究》2014 年第 7 期。

④ 王战军：《肖红缨．一流大学院系治理的应然状态》，《教育发展研究》2016 年第 19 期。

⑤ 刘冬冬、张新平：《高校二级学院治理：困境及其消解路径》，《现代教育管理》2018 年第 6 期。

取决于学院内部的治理结构是否完善。[①] 我国的“大学办学院”存在诸多困境，具体表现为利益格局重大调整带来的权力下放之困，基层的权力承接之困，基层学院的“竞争与稳定”协调之困，变革方式的“上下协同”之困。[②]

从高校内部治理结构的变革的角度讲，要真正增加内生动力，需要在组织结构、权力下放上做一些变化。有学者认为，科层制会向事业部制转变，直线型会向扁平化发展，其理由是：第一，高校将会拥有更大的自主权；第二，所有高校在走内涵式发展道路上都希望能够激发办学活力；第三，现在越来越强调学校的办学绩效，强调投入产出，强调政府问责，这些因素会促成我们的高校组织结构的权力管理重心下移。[③]

校院两级管理模式的实现路径，从放好权到用好权。“目标考核、分类管理”能够激活学院的潜能，提升教师的获得感；从“校办院”到“院办校”转变能够释放办学活力，使学院找准角色；从事务中心到办学主体迫使学院不再等吃“大锅饭”，主动出击“找饭碗”。[④] 虽然管理重心下移和院办校等改革正在各个高校蔓延，但是我们需要清醒地认识到，校院之间权力分配和资源配置等的深层次矛盾仍然存在，这导致院系自主本质上仍是以事权为中心的治理模式。在科层制下，以事权为中心的模式意味着事权的不断扩大与决策权和资源占有权的有限供给之间始终存在着紧张关系。[⑤]

---

① 胡建华：《大学内部治理中的校院关系》，《江苏高教》2021 年第 12 期。

② 张烨：《“学院办大学”：西方传统与中国实践》，《清华大学教育研究》2022 年第 1 期。

③ 宣勇：《论大学的校院关系与二级学院治理》，《现代教育管理》2016 年第 7 期。

④ 万明、段世年、李彩艳：《以释放办学活力为目标的校院两级管理改革模式探索》，《中国高等教育》2016 年第 20 期。

⑤ 沈勇：《院系治理的中观分析：章程建构、实践张力与路径优化》，《国家教育行政学院学报》2016 年第 7 期。

五 未来研究的展望

未来学院治理研究应该在建立新型的校院关系、治理体系的完善和学院领导者的素质与能力等方面进行持续的“深耕细作”。

建立新型的校院关系是学院治理的根本。提高学院治理水平，重视学院治理是前提，建立新型校院关系是关键。[①] 建立新型校院关系，首先，要明确学院的主体地位。学院是学术性工作的主要承担者，只有其办学主体地位得到保障，才能够激发学院的办学动力；其次，要明确校院之间权力分配方式和边界。作为办学的主体，学院要在学校协助下，寻求独特的发展资源，开辟独有的发展路径；最后，学校要从根本上转变对学院的管理模式。学校要在全局上制定战略、把握方向，在局部以目标绩效引导学院的行为，充分尊重学院的决策权力。因此，建立新型校院关系是学院治理的根本。

治理体系的完善是学院治理的核心。学院治理体系主要是指内部各个决策主体之间权力分配方式。中共中央印发的《中国共产党普通高等学校基层组织工作条例》中规定：“通过党政联席会议，讨论和决定本单位重要事项。”条例仅仅规定了党政联席会议是议事和决策机制，并没有规定党政联席会、党委会和院长行政会三者之间的关系。同时，这三个决策主体与教授委员会之间的关系也不清楚，因此，治理体系的完善是学院治理的核心问题。具体来说，以教授委员会为主体的学术治理体制建设、学院治理的民主与监督机制和学院组织文化建设都是需要进一步深化的研究问题。

学院领导者的能力为学院治理提供保障。学院的健康发展既取决于治理体系的严密和完善，又取决于执行者的素质和能力。在学

---

① 张德祥、李洋帆：《二级学院治理：大学治理的重要课题》，《中国高教研究》2017 年第 3 期。

院的治理中，作为主要领导者的院长和书记应该如何贯彻执行学校的战略方针？如何创造性地制定学院发展的方略？如何保障教师和学生的利益？如何处理好党委与行政的关系、行政与学术委员会的关系？这些都要求院长和书记既具备较高的政治素养，又具备较强的行政能力和专业素质。目前已经有较多的研究关注院长这一重要的角色，但是对党委书记的研究较为匮乏。因此，需要更加关注对于学院领导者的研究。

第三章　大学治理研究的问题

自20世纪80年代以来，世界范围的高等教育正在经历着一场革命性的变化，包括大学的财政、学生的数量、对于课程的要求、教学计划、教育技术、教师的情况和外部的环境，这些变化直接影响了大学运行。传统的大学管理模式，已经难以应对这些变化，对于大学治理的研究引起人们越来越多的重视。

1973年，卡耐基高等教育委员会将治理定义为“作决策的结构和过程，从而区别于行政或管理”。这个概念被学术界接受，大学治理被进一步界定为“大学内外利益相关者对大学重大事务作决策的结构和过程”。治理不是一套规则，也不是一种活动，而是一个过程；治理过程的基础不是控制，而是协调；治理既涉及公共部门，也包括私人部门；治理不是一种正式制度，而是持续的互动。①

与以往的管理、控制不同，现代大学治理强调民主、妥协、公开透明、问题解决和注重结果等。治理的中心含义是实现协调而非控制，强调和谐状态是在互动的过程中达成的。②“现代大学治理”，已成为近年来高等教育研究领域的一个核心课题。建立现代大学制度、完善治理结构和提供有效治理已经成为高质量高等教育体系建

---

① 俞可平：《治理与善治》，社会科学文献出版社2000年版，第4页。

② 熊庆年、代林利：《大学治理结构的历史演进与文化变异》，《高教探索》2006年第1期。

立的重要基础。

我国高等教育进入到普及化阶段之后，产生了一系列新问题：高等教育规模扩大带来的教育质量的下降和就业问题的凸显；政府对高等学校的管制与扩大学校办学自主权的冲突；财政性经费所占比例的下降和办学成本激增之间的矛盾；等等。这些新问题向现代大学提出了新的挑战，传统大学管理模式已经难以适应这种转变，大学治理已经成为高等教育的一个重要研究领域。

但是纵观我国对于大学治理的研究，目前还存在很多问题，这些问题主要包括：大学理念的泛化；共同治理的虚化；教授治校的理想化；治理结构的空洞化；缺乏对决策过程的研究；缺乏对权力分配的研究；缺乏对党委系统权力的研究。这些问题如果得不到及时的纠正，就会使大学治理的研究与大学的实际相脱节，既不利于大学治理结构的完善，也不利于我国大学的健康发展。

第一节　大学理念与共同治理

一　大学理念的泛化

大学治理研究的理论之一是来之于大学的理念，根据大学理念，大学治理强调大学自治、学术自由和教授治校。[①] 大学之所以存在，是因为大学是高深知识的创造者和传播者，自治是高深知识的最悠久的传统之一。既然高深知识需要超出一般的复杂且神秘的知识，那么，自然只有学者能够深刻地理解它的复杂性。因而，应该让专家单独解决这一领域中的问题，他们应该是一个自治团体。[②]

大学的理念中蕴含了理想化的大学思想，这种理念随着科学技

---

① 张维迎：《大学的逻辑》，北京大学出版社 2004 年版，第 5 页。

② ［美］约翰·S. 布鲁贝克：《高等教育哲学》，王承绪等译，浙江教育出版社 1987 年版，第 31、34 页。

术的发展和社会的改变，也必须随之改变，如果以大学的理念来治理高校，就可能导致大学理念的泛化。因为传统的高等教育自治现在不是、也许从来都不是绝对的。大学不过是统治阶级的知识之翼。立法机关不得限制大学的理智自由，如果政府真的这么做了，那大学也就不存在了。因此，大学自治是有限度的。①

从理论上讲，学术自由等原则似乎足以符合时代的要求。然而第二次世界大战以后，大学的作用发生了根本的变化，社会越来越依赖大学，大学也越来越依靠社会的资助来支持其日益增多的活动经费开支。所谓的学术自由仅仅局限在学校的范围内。②

尽管人们呼吁学术自由，但几乎没有人会否认政府制定相应制约条例的必要性，因为学校或许会因财政压力等因素而提供无价值的教学内容；教授或行政管理者的行为可能因为粗心大意、判断错误、公然的歧视或偏见而缺乏公正性。当学术课程或项目与其他价值观发生冲突时，教育工作者并不一定是解决冲突的最佳裁决人。③

大学自治和学术自由的大学理念是有限度和有约束的，一旦超过了这个限度和摆脱了约束，就会伤害大学与政府、社会之间的关系，就容易走向极端。我国大学治理的研究中，大学自治和学术自由不能成为大学治理的基础理念，更不能将大学理念泛化，这种泛化除了给社会带来对大学的不信任感之外，不会对大学的发展起到积极的作用。

大学是非常重要的社会组织，是有别于政府和企业的一类独有的组织，大学肩负着储存知识、传播知识和创造知识的神圣使命，

---

① ［美］约翰·S. 布鲁贝克：《高等教育哲学》，王承绪等译，浙江教育出版社 1987 年版，第 31、34 页。

② ［美］德里克·博克：《走出象牙塔：现代大学的社会责任》，徐小洲、陈军译，浙江教育出版社 2001 年版，第 6 页。

③ ［美］德里克·博克：《走出象牙塔：现代大学的社会责任》，徐小洲、陈军译，浙江教育出版社 2001 年版，第 6 页。

大学是社会文化形成和完善的场所，大学已经从过去的边缘走向了中心，大学的使命要求大学要承担起对整个社会责任，大学要为社会的发展培养人才，要为社会的进步服务，要在政府和社会的配合与协调下完成使命。所以大学不能回到象牙塔中，而是要在与政府和社会密切配合来完成自己的使命。

我国政府一直以来对大学干预过多，管制过严。虽然我们反复地提出给予大学更多的自主权，但是事实上并没有实现，大学自治、学术自由与政府对于高等教育的管制之间的矛盾一直也难以解决。现代大学治理是大学、政府和社会在大学的发展和重大决策上各自担负自己的责任，相互协商、相互妥协、相互配合，这样既可以避免大学脱离社会的轨道而封闭在象牙塔中；又可以避免政府对于大学的过分干预，真正地给予大学办学自主权。这也正是大学治理的根本所在。

二　共同治理的虚化

大学治理研究中应用比较多的是“利益相关者”理论以及由此理论推演出的“共同治理”模式。1963 年斯坦福研究中心的研究人员首次给“利益相关者”概念下了定义。随后，利益相关者研究日益受到重视，发展成一种理论。1984 年，弗里曼给出利益相关者的经典定义：“利益相关者是能够影响组织目标实现或能够被组织实现目标的过程影响的人。”

利益相关者理论解释了西方大学治理中各个权力主体的状况，美国哈佛大学的罗索夫斯基在结束文理学院院长职业生涯之际，出版著作《美国校园文化——学生、教授、管理》。在书中，罗索夫斯基采用了利益相关者分析框架。罗索夫斯基列举了大学的四类群体，分为四个层次：第一层次，教师、行政主管和学生是大学最重要的群体；第二层次，董事、校友和捐赠者是重要的利益相关者；第三层次，政府或议会是部分利益相关者；第四层次，市民、社区、媒体等，是可以被纳入次要层次的利益相关者。[①]

在美国的大学治理中，主要的利益相关者是大学的行政人员、教师等，而政府则是次要的利益相关者。比如，加州宪法明文规定，大学是加州政府的第四部门，大学理事会众的重要成员要由州长任命。[②] 但是，在加州大学系统中，教授会拥有颇为正式的权力和权威。学校中的任何重大的决策，最终均由全体教授依法做出决定。[③] 美国大学具有较强的自治性，政府不能直接干预大学的决策。

从利益相关者的角度区分中国大学的利益相关者，情况就大相径庭。中国大学的主要利益相关者是政府，政府几乎决定了大学的一切事物，尤其是决定了大学最为主要的管理者——校长和党委书记的遴选和任命，并给予其相应的行政级别。次要的利益相关者才是大学的行政人员和教师，而其他利益相关者包括学生（家长）、校友、捐赠者、社区等在大学中没有过多发言权的群体。中国大学的利益相关者中，政府和行政人员的话语权最大，其次是教师，而其他人几乎没有话语权，其他利益相关者已经被虚化了，从虚化的利益相关者出发来研究的共同治理也就成为一句空话。这些都说明大学治理之路是非常漫长的。

第二节　教授治校与治理结构

一　教授治校的理想化

教授治理结构又称为“教师治理”或者“学术人员治理”结

---

① 胡赤弟：《高等教育中的利益相关者分析》，《教育研究》2005 年第 3 期。

② 马万华：《从伯克利到北大清华——中美公立研究型大学建设与运行》，教育科学出版社 2004 年版，第 28 页。

③ Trow, M., “Governance in the University of California: The Transformation of Politics into Administration”, *Higher Education Policy*, Vol. 11, 1998, pp. 201 - 215.

构，是最传统的大学治理结构。该结构认为大学应该主要由教授来治理，实施该结构的主要原因是因为教授受过良好的教育，他们能更好地理解学术目标、大学的愿景与使命以及如何实现他们。[①] 教授治理结构一直是大学的梦想。从哲学的视角来看，“学术人员治理”是实现“学术自由”和“学校自治”最为恰当的治理结构。[②]

很多人认为，教师参与决策次数越多越好，频率越高越好，这是一种误解。教师参与决策的频率与教师的满意感并不成正比关系。阿露托和比拉科（Alutto and Belagco）就参与程度与教师的满意感之间的关系进行了研究。他们把教师参与决策的程度分为三种不同状态：贫乏（参与得太少）、饱和（参与得太多）和均衡（参与得不多不少）。测试结果表明参与程度处于均衡状态的教师正好是感觉最满意的一组，而认为自己处于贫乏状态或饱和状态的教师相对来说则不太满意。[③]

麦考密克和梅那斯（McCormick and Meiners）进行了关于教授参与组织治理的实证研究，研究发现，教授过多地参与决策会造成决策的无效率过高，损害大学的绩效。[④]

威廉（William）的进一步研究证实，教授参与大学治理时，参与不同性质的大学决策的结果各不相同，教授参与更多学术类的决策会提高学校的绩效，教授参与更多的组织管理类的决策则会降低大学的绩效。[⑤]

台湾的大学对于教授治校的态度出现过反复。台湾 1984 年修订

---

① Dill, D. D., & Helm, K. P., "Faculty Participation in Policy Making", in J. Smart (Ed.), *Higher Education: Handbook of Theory and Research*, Vol. 4, 1988.

② Cambridge, "University Governance: A Consultation Paper", http://www.admin.cam.ac.uk/reporter/2001-02/weekly/5873/5.html.

③ 王菊：《教师参与高校管理研究评述》，《学园》2009 年第 3 期。

④ McCormick Re, Meiners, "University Governance-A Property-rights Perspective", *Journal of Law & Economics*, Vol. 31, No. 2, pp. 423 – 442.

⑤ Williams, Brown Jr, "Faculty Participation in University Governance and the Effects on University Performance", *Journal of Economic Behavior & Organization*, Vol. 44, 2001, pp. 129 – 143.

《大学法》，把校务委员会定位为大学的最高决策单位。但在 2005 年修订《大学法》时，去掉了这一条款。这一转变与校务委员会拖沓的工作效率有关。① 可见，教授参与决策的程度要适当，教授治校并不是一种最有效的治理结构。

二 治理结构的空洞化

纵观对于大学治理的研究，很多研究在介绍国外大学治理的模式，在学术自由和学校自治的理念下都提出了理想化的大学治理结构。但是这些空洞的治理结构，要么是西方治理结构的翻版，要么是脱离中国大学实际的空想，对于中国大学治理的实践没有多少意义。

实践已经证明，在西方有效的大学治理结构并不能在我国的大学中发挥应有的作用，制度与文化的差异使得我们可以借鉴别人的东西，但却不能照搬照抄。我国大学治理结构的完善，不可能通过复制别人实现，只能通过中国大学的制度创新实现。

大学治理的研究暗含了一种无需证明的假设，完善的治理结构能够帮助大学更好地完成自己的使命。完善的治理结构的标志是能够很好地完成大学的三大任务：教学、科研和服务社会。但是，对于大学完成教学、科研和服务社会的情况的定量衡量是比较困难的，因此，有必要借助经济学的理论。

经济学中的治理毫无疑问是工具理性的，在经济学看来，治理是实现公司价值最大化的一套制度安排，有效的治理结构会带来良好的绩效。② 作为非营利性组织的大学，治理结构的衡量则体现了其对于绩效的影响。

大学的办学绩效反映了大学在投入一定的人力、物力的财力的基

---

① 林杰：《从管控走向治理——2007“海峡两岸高校内部治理”学术研讨会综述》，《江苏高教》2008 年第 1 期。

② 赵成：《大学治理的含义及理论渊源》，《现代教育管理》2009 年第 4 期。

础上，能够产出多少教学、科研和服务社会的成果，由于办学绩效具有定量化的特征，因此，可以作为衡量大学治理结构的有效指标。

虽然研究治理和治理结构的文献非常多，但是研究治理结构与绩效之间关系的文献却很少。克诺特（Knott）和佩恩（Payne）通过分析美国1987—1998年48个州的数据，发现州政府对公立高校的控制越小，大学的绩效越高。[①] 佩恩和罗伯茨（Roberts）研究了治理结构与研究经费的获得和研究成果之间的关系。[②] 威尔逊（Wilson）的研究表明，大学的董事会越是集权，学校的师生比越高，同时终身教授占总教师人数的比例也越大。古继宝等通过实证研究发现：大学人才培养水平和科学研究水平随着大学权力结构中学术权力的增强而提高。[③]

一个完善的治理结构必然与优异的绩效相关联，大学治理的研究应该分析我国不同类型大学的治理结构，考察这些大学的绩效，通过探究治理结构与大学绩效之间的关系，从绩效的视角来研究治理结构的完善途径，为大学治理的完善提供基本的理论依据，为提高大学的治理水平提供帮助。

第三节 大学治理研究的缺乏

一 缺乏对决策过程的研究

治理是做决策的结构和过程，治理是人在做出决策，治理的决

---

① Knott, Jack H., Payne, A. Abigail, "The Impact of State Governance Structures on Management and Performance of Public Organizations: A Study of Higher Education Institutions", *Journal of Policy Analysis and Management*, Vol. 23, December 2004, pp. 13 – 30.

② Payne, A. A., & Roberts, J., "Government Oversight of Organizations Engaged in Multiple Activities: Does Centralized Governance Encourage Quantity or Quality?", McMaster University, 2002. Available at <http://socserv. socsci. mcmaster. ca/payne>.

③ 古继宝、张颖、苗利博：《大学权力治理结构对人才培养和科学研究的影响》，《中国高等教育评估》2010年第1期。

定因素在于人，结构不过是决策的技术性安排。人在决策的过程中会受到内部和外部因素的影响，这种影响在任何结构中都存在。这种影响可能会使经过精心设计的治理结构成为空壳，使制度化的决策过程变成空谈，使所有的结构设计、制度约束、法规条例都丧失其原有的功能。

鲍德里奇（Baldridge）用民族志的方法对纽约大学进行研究，发现政治结构有助于说明决策是如何做出的，他研究的主要贡献在于揭示了大学合理决策的制定主体以及决策形成的正式过程。事实上，非正式协议对于治理过程的影响是普遍的，以至于很难知道正式过程何时影响了管理中的决策。鲍德里奇指出人际关系比结构更能影响治理的过程。①

对于结构的早期研究证明了人对于治理过程的重要性，然而其后的研究主要集中在治理结构的优化上，而不是研究人对于治理的影响，所以在相关研究的结论中，人、制度和文化并没有成为关注的焦点。②

在一个政治模型中，对于整个组织来说，人是治理的中心，因为影响力和非正式过程被视为政策形成的关键。政策来源于利益集团不同价值观形成的冲突，这些都嵌入了人的因素中，而非结构或组织中。政治模型的构成包括利益集团、冲突、价值观、权力和影响力、磋商和讨价还价。③

影响治理过程的内部因素是大学的历史和传统。每一所大学都

---

① Baldridge, J., *Power and Conflict in the University*, New York: John Wiley, 1971.

② Kezar, Adranna, Peter D. Eckel, "Meeting Today's Governance Challenges: A Synthesis of the Literarure and Examination of Future Agenda for Scholarship", *The Journal of Higher Education*, Vol. 4, Jlu-Aue 2004, pp. 371 – 399.

③ Kezar, Adranna, Peter D. Eckel, "Meeting Today's Governance Challenges: A Synthesis of the Literarure and Examination of Future Agenda for Scholarship", *The Journal of Higher Education*, Vol. 4, Jlu-Aue 2004, pp. 371 – 399.

有自己的发展历史和传统文化，这些历史和文化是大学多年发展过程中积累和演变形成的，得到了大学教职员的普遍接受与认可，这些内部因素对于治理过程有着深刻的影响。

研究大学的治理过程，需要我们将一定的社会制度和历史文化等因素加入大学治理的研究中。在一种社会制度下适用的大学治理结构可能在其他制度中难以适应，甚至产生意想不到的后果。因此，不同的社会制度需要重新设计不同的大学治理结构，治理结构要服从于社会制度，而不是让社会制度适应大学的治理结构。

任何一种大学治理结构都可能会变得陈旧，可能会不适应经济技术的快速发展，需要不断地进行改进。大学治理中的各种利益关系可能会断裂，需要重新恢复。社会的快速发展和急剧变化要求大学与其适应，并重新塑造大学的治理结构，这种结构要在治理者与被治理者之间保持连续的、协调的关系，并且适应社会制度、文化传统和经济发展的变化。①

二 缺乏对权力分配的研究

纵观我国大学治理的研究，理想化的空谈者众，而对于大学治理的实证研究却很少。我国大学治理到底有什么样的结构？大学中都存在哪些决策的权力，至今都鲜有实证性的研究出现。多数的研究都会在描述国外大学治理的经验之后，勾画一个脱离实际的理想化的大学治理结构，而这种治理结构要么是前人研究的修修补补，要么是理想化的空中楼阁。

除了对于理想化治理结构的构建之外，目前的研究在谈到我国大学的治理结构时，几乎都是“党委领导、校长负责、教授治学、

---

① Ikenberry, S. O. , “Restructuring College and University Organization and Governance: An Introduction”, *Journal of Higher Education*, Vol. 42, No. 6, 1971, pp. 421 – 429.

民主管理”，但我国的大学治理结构是否能被这16个字完全概括呢？

治理结构的核心是权力结构，也就是决策权力在不同利益相关者之间的分配。权力的分配模式来自于历史、文化和社会传统等制度的规范，这其中既包含了正式的制度，也包含了非正式的制度。①

关于大学权力的研究，有二元权力论，二元权力即行政权力和学术权力。有的学者认为还有市场权力和学生权力；还有学者认为还有政党权力和外部权力；也有学者认为还有政治领导权力和民主管理权力。

在所有国家，对高等教育管理中政治权力的作用都缺乏深入的研究，这已经形成了一个真空。② 虽然人们一直都了解政治与高等教育的关系，但是对于这种关系却认识不清，更缺乏深入的研究。

我们今天缺乏的是对于大学治理的系统化研究，缺乏的是对于大学治理中的每一个小问题的深入而细致的挖掘，缺乏的是建立适合我国大学治理的基本理论和建立适合我国大学治理的结构和过程的研究。

三 缺乏党委系统权力研究

在大学治理的研究中，行政权力是一个主要的研究方面，但是，在行政权力中，往往忽略了对党委系统权力的研究，研究者或者是将其单独隐去，或是将其等同于行政权力。

我国学界大多数学者仍然是简单参照国外大学治理研究的模式，把大学权力系统划分为学术权力与行政权力组合的二元结构，并以此为根据来研究我国大学的治理结构。然而，我国大学党委系统的

---

① 彭红玉：《我国高等教育治理结构的结构功能主义思考》，《辽宁教育研究》2007年第10期。

② ［加］约翰·范德格拉夫等编著：《学术权力——七国高等教育管理体制比较》，王承绪等译，浙江教育出版社2001年版，第196页。

领导权在大学的权力结构中，既不归属于行政权力体系，也不能归属于学术权力的范畴，而是一个独立的权力系统。因此，按学界现行的研究范式来探讨中国大学的治理结构显然不够完整，也不可能将中国大学治理结构中存在的问题梳理清楚。①

我国大学党组织的领导权集中体现在政治上的领导，我们将其定义为大学正式组织中的政治权力，即保证党和政府的大政方针在大学得以实施，提出大学建设管理的方针政策，决定学校发展的战略目标，并敦促行政和学术系统贯彻落实的权力。因此，我国大学的权力系统包括以党委为领导的政治权力、以校长为责任者的行政权力、以教授为主体的学术权力。②

之所以将党委的权力从行政权力中分离出来，主要是因为在目前我国大学的治理中，我国大学作为国家政府机关的附属组织，在领导体制上鲜明地反映出国家公共性的要求。而大学党委书记和校长两个负责人的状态，会使大学的治理与两个负责人之间的协调情况密切相关，当两个负责人能够相互协调、相互支持、相互配合的时候，学校就能够正常的运转和发展；反之，学校就会矛盾丛生、举步维艰。

因此，党委的权力与行政的权力是截然不同的权力，党委的权力主要表现在坚持党的路线和社会主义的办学方向，决定学校内部组织结构的设置和内部组织结构负责人的人选，讨论决定学校重大决策等；行政权力主要表现在制定学校的发展规划，组织教学和科研活动，聘任教师及其他内部工作人员，对学生进行管理，执行经费预算等。由此可见，政治权力主要是决定学校的重大事务和人事

---

① 何淳宽、曹威麟、梁樑：《中国大学正式组织与学术性准正式组织的机能优化——兼论我国大三元权力结构模式的建构》，《经济社会体制比较》2009 年第 3 期。

② 何淳宽、曹威麟、梁樑：《中国大学正式组织与学术性准正式组织的机能优化——兼论我国大三元权力结构模式的建构》，《经济社会体制比较》2009 年第 3 期。

任免，行政权力主要是负责学校正常的教学和科研活动的运行，两者负责事务的层次和范围不同。两者的定位也互不相同，政治权力是领导权，行政权力是治校权，学术权力是治学权。在大学治理中，要求是学术为本、三权渗透、协同制衡。①

党委书记和校长关系的不和谐是导致高等学校中党政矛盾、多头指挥、互相推诿等问题的重要原因。这种情况不仅严重影响"党委领导下的校长负责制"效率的发挥，而且某种程度上外显着我国大学治理的官僚化特征。② 在大学治理的研究中，政治权力是不容忽视的权力，对政治权力的研究，有助于明确党委书记和校长的角色定位，有助于解决党委书记和校长之间的协调问题。因此，在大学治理的研究中，政治权力是不容忽视的重要研究对象。

第四节 结语

青木昌彦认为："制度是不能任意设计或随意修改的，不同的环境存在不同的制度。更进一步说，制度分歧一旦发生，即使随后面临同一技术和市场环境，他们的整体性制度安排仍可能会相差甚远，其结果取决于各自制度发展的历史轨迹——这就是著名的路径依赖现象。"③

大学治理结构的完善没有捷径可以走，也没有样板可以模仿。每一所大学都有自身独特的历史、社会需求和特殊的使命。同时每一所大学还处于不同的社会环境、文化传统和经济发展之中。完善

① 何淳宽、曹威麟、梁樑：《中国大学正式组织与学术性准正式组织的机能优化——兼论我国大三元权力结构模式的建构》，《经济社会体制比较》2009 年第 3 期。

② 秦惠民：《我国大学内部治理中的权力制衡与协调——对我国大学权力现象的解析》，《中国高教研究》2009 年第 8 期。

③ ［日］青木昌彦：《比较制度分析》，周黎安译，上海远东出版社 2001 年版，第 18 页。

的大学治理结构不会是全社会统一的，而是大学根据自身发展的需要逐步建立起来的结构。不同的大学治理模式有其各自的特点、优势和局限性，大学要根据自身独特的历史、需求和实践，建立起适合于自己的治理模式。

第四章　大学治理研究的转变

随着现代大学逐步从社会的边缘走向社会中心，大学的发展备受瞩目。21 世纪是科技迅猛发展、经济全球化、文化多元化和社会信息化的重要时期，国家之间的竞争也尤为激烈。“一个国家的大学水平如何，从一个方面反映着这个国家的科技文化发展水平，也是这个国家综合国力的重要体现。”①

在全世界，高等教育都发生了革命性的变化，包括大学的财政、学生的数量、对于课程的要求、教学计划、教育技术、教师的情况和外部的环境，这些变化直接影响了大学治理。“任何组织都有一个治理问题，学校也不例外。”② “从现代的公司到大学以及基层社区，如果要高效而有序地进行，可以没有政府的统治，但是不能没有治理。”③ 现代大学“治理”，已成为近年来高等教育研究领域的一个重要课题。

第一节　大学治理的结构

大学治理中首先被关注的是结构，治理结构有的时候几乎与治

---

① ［美］彼得·布劳、马歇尔·梅耶：《现代社会中的科层制》，马戎、时宪民、邱泽奇等译，学林出版社 2001 年版。

② 张俊宗：《现代大学制度：高等教育改革与发展的时代回应》，中国社会科学出版社 2004 年版。

③ ［德］马克斯·韦伯：《经济与社会》（上卷），林荣远译，商务印书馆 1997 年版。

理成了同义词，只要谈大学治理，几乎都是在谈结构。大学治理结构的划分是多样的，崔克曼恩（Trakaman）在总结英国、美国和澳大利亚大学治理的基础上，从委员会治理层面出发，总结出大学治理的五种基本的结构，这五种结构就是学术人员治理、公司治理、董事会治理、利益相关者治理和混合治理。①

一 学术人员治理

学术人员治理结构是最传统的大学治理结构，该结构认为大学应该主要由学术人员来治理，实施该结构的主要原因是因为学术人员通常受过良好的教育，他们能更好地理解学术目标、大学的愿景与使命以及如何实现它们。②

在美国加州大学系统中，能够反映学术人员治理的组织就是教授会，与美国其他研究型大学的教授会相比，这所大学的教授会拥有颇为正式的权力和权威。除了教学、研究、学生入学和评估以及教师任命和提升外，教授会的作用还包括促使管理者采取行动。学校中的任何重大的决策，最终都由全体教授依法做出决定。③

从哲学的视角来看，学术人员治理是实现“学术自由”和“学校自治”最为恰当的治理结构。实施这种结构最为典型的就是英国剑桥大学，英国剑桥大学的治理团体是评议会，由3000多名大学和学院人员组成，负责大学的治理。

然而，即使剑桥大学，也不是一种完全的学术人员治理结构，在评议会之外，剑桥大学还有理事会，在两院制管理系统中，学术

① Trakaman Leon, “Modelling University Governance”, *Higher Education Quarterly*, Vol. 1 – 4, 2008, pp. 63 – 83.

② Dill, D. D., & Helm, K. P., “Faculty Participation in Policy Making”, in J. Smart ed., *Higher Education: Handbook of Theory and Research*, Vol. 4, 1988.

③ Trow, M., “Governance in the University of California: The Transformation of Politics into Administration”, *Higher Education Policy*, Vol. 11, 1988, pp. 201 – 215.

人员和理事会治理是分开的。剑桥主要的行政长官和政策制定的功能也归由大学理事会法定授予。

学术人员治理结构受到了来自不同方面的影响。一方面，它是最受攻击的治理结构；在社会对大学的要求越来越复杂的情况下，学术人员治理可能在保证“学术民主”前提下而忽视通过与政府、商业和工业伙伴的合作来提升学校地位。另一方面，它又是大学最频繁回归的治理结构，纵观对于大学治理的研究，学术人员治理始终是大学人员心中理想化的治理结构。

对于学术人员治理结构的批评，主要指向学术人员通常缺乏管理的技巧和兴趣。在现代大学的管理系统中，资金和人事的管理已经变得越来越复杂，由于学术人员缺乏必备的财务能力与管理技能，使得学术人员治理结构容易遭到质疑。①

二　公司治理

公司治理结构在当今大学是一种很流行的结构。② 公司治理结构是基于商业化的治理结构，其优势主要集中在大学的财务和管理专业化方面。为了回应公立大学治理不善或财务低效的批评，公司治理的高效率和专业化开始受到大学的关注。③

美国的一些公立大学治理结构已经越来越接近公司治理结构，一个董事长和一个小型的董事会直接负责大学的管理，一个首席执行官、一个首席运营官和一个首席财务官作为高层管理团队，为董

---

① Lewis, L. S., *When Power Corrupts: Academic Governing Boards in the Shadow of the Adelphi case*, New Brunswick: Transaction Publishers, 2000.

② Nelson, B., "Backing Australia's Future", Section 4 (F) Paras, 2003, pp. 132 – 143. http: //www. backingaustraliasfuture. gov. au/publications/crossroads/pdf/crossroads. pdf.

③ Mingle, J. R., *Higher Education's Future in the 'Corporatized' Economy*, 2000, Washington, D. C.: Association of Governing Boards of Universities and Colleges, Occasional Paper No. 44, 2000.

事会服务。公司治理结构的支持者们坚持认为大学应该由受过训练的经验丰富的专业人士治理，在政策制定和计划当中，能够进行直接高效的管理。一些人士则期望学术人员从事教学、科研和公共服务，同时也不同程度地参与大学的管理。相比之下，一些著名的大学却非常排斥公司治理，持此种观点最典型就是牛津大学，它们坚持认为这种结构只能产生部分的或短期的治理方案。

对于公司治理结构的批评主要是它导致了教育的“商品化”，在追求公司效率的同时置换了学术的独特性。① 然而，支持公司治理结构的人则认为，大学中的公司治理与公司的董事会管理是有区别的。大学对于股东没有既定责任，但对于一系列的利益相关者：学生、教师和工作人员、企业合作伙伴、政府及广大公众却有连锁责任。

与此同时，公司治理的一些实际属性与大学的要求很匹配，大学董事会越来越希望在治理大学过程中对财政负责和提高决策的效率。董事会的会议召开更加公开透明，董事会成员在董事会中承担更多责任。大学的财政和人事管理也开始设定关键的业绩指标，以保证管理和监测的成功。②

三 董事会治理

董事会治理结构在大学中普遍获得认可。董事会治理是一种代理制的治理方式，是董事会与它的委托人或委托机构之间建立的一种委托—代理关系，董事会代表的是信托人的利益。③ 董事会和

---

① Bok, D., *Universities in the Marketplace: The Commercialization of Higher Education*, Princeton: Princeton University Press, 2003.

② The Report of the National Committee of Inquiry into HigherEducation, *Dearing Report*, Middlesex, England: NCIHE Publications, 1997. Also available at http://www.leeds.ac.uk/educol/ncihe.

③ Jackon, J. and Crowley, J., “Blinking Dons or Donning Blinkers: Fiduciary andCommon Law Obligations of Members of Governing Boards of Australian Universities”, *Southern Cross University Law Review*, 2006, pp. 1－76.

信托人之间存在着充分的信任，董事会成员要以最大的勤奋和努力来保护这种信任，包括披露任何可能对这种信任构成威胁的因素。

董事会治理结构的倡导者们认为：大学的治理者代表大学，为大学而行动且提供了一种保证，董事会的勤奋赢得了公众的信任，董事会的工作对那些把大学治理看作对学生负有“身居父母地位”责任的人更有吸引力。

尽管董事会成员不可能亲自涉及大学管理的细节，但他们可以作为受托人为大学提供服务，尽管他们也不可能总是赞同大学（包括大学的教职员、学生和管理者）的利益，但他们总体上是站在大学的利益立场上的，常常被称为“可爱的批评家”（loving critics）。大多数私立大学的董事会在这一方面确实发挥了作用，但公立大学的董事会却成了政治的牺牲品，董事会成员转而关注的是其所代表的狭隘的政治选民的利益。在任命董事会成员时，政治因素通常成为主要的因素并经常影响行为和决策。①

大多数公立大学的董事会缺乏对高等教育的基本理解，既不理解其作为公众信任机构的服务特性，也不理解他们对整个大学的责任。董事会倾向于花费大量时间用于管理而不是出台政策。缺乏经验的董事往往陶醉于权力，他们深信只要制订正确的战略计划，进行恰当的人事调整，他们的责任就完成了。加上公立大学董事会成员人数比私立大学少得多（一般公立大学为8—12人，而私立大学为30—50人），而一个小机构的行为和决策通常易被某种特殊利益、狭隘观点或单个成员的个性所左右。②

---

① Martin Trow.，“The Chiefs of Public Universities Should be Civil Servants，Not Political Actors”，in Richard T. Ingram，Transforming Public Trusteeship，Washington，D. C.：Association of Governing Boards，1998，p. 246.

② 蒋洪池、李绍芳：《当今美国大学治理的困境及其启示》，《高教探索》2005年第5期。

四 利益相关者治理

利益相关者治理结构是政府、高校教学人员、研究人员、学生、行政人员、职业界和社会团体等共同参与的基于合作伙伴关系的多元化高等教育治理结构。权力与利益是它的基础，合作伙伴关系是它的基本架构，利益相关者委员会是它的决策机构。

利益相关者治理结构是一种联合治理结构。[①] 它与学术人员治理是不同的，利益相关者治理结构把管理权利赋予多重代表，而并不局限于学术人员。它与公司治理结构也有本质的区别。利益相关者治理结构是以广泛代表治理权威来构思的，它区别于以专业的和以商业为目的的治理结构。[②]

利益相关者治理结构的内涵是它为内部和外部的利益相关者在决策制定过程中提供了广泛的参与，它的核心就是有代表了所有利益相关者的团体代表会议。利益相关者治理结构的问题是决定哪些利益相关者应该代表治理团体，他们代表的方式以及他们应该拥有多少权威。利益相关者治理结构的另一个问题是他们容易使治理倒退回无效率的“清谈俱乐部”。

尽管存在不足，公立大学通常还会部分采用利益相关者治理结构，在不同的大学中存在不同形式的治理委员会，这些委员会由被提名或被选举的学术人员、学生或政府代表组成。然而，这些治理委员会的构成却容易存在分歧，他们的权威也会根据不同的利益相关者而明显不同。

---

① University Senates Conference（USC）, “Faculty Perspective on Shared Governance at the University of Illinois”, September 26, 2006. http://www.usc.uillinois.edu/Documents/OT-231 SharedGov.pdf, last accessed 12 March 2008.

② American Federation of Teachers, *Shared Governance in Colleges and Universities: A Statement by the Higher Education Program and Policy Council*, Washington DC: AFT, 2002.（also available at http://www.aft.org/higher_ed/news/2002/shared_governance.htm）.

五 混合治理

大学混合治理结构是由学术人员、公司、董事会和利益相关者治理结构相结合的一种治理结构。① 典型的混合治理结构基于对大学责任平衡的考虑，主要包括：大学是创造和积累高深知识的场所；大学要维护其利润的平衡；要保证适当的使用政府所提供的专项资金；支持经济的发展和生产的创新；确保学术民主；保持学科或专业的质量；为学生提供学习的环境。在这种多目标和多责任的约束下，采用一种单独的治理方式可能难以奏效，因此才提出混合治理的结构。

在大学治理当中，混合治理结构实际上是几种治理结构的混合与平衡，并不存在一种标准化的混合治理结构，而是以其中的一种结构为主，然后根据大学的实际情况，适当同时采用其他的结构加以补充，或者不同的人员担负不同的责任，以满足大学的多个目标和多个责任的要求。混合治理结构的好处在于它能把不同治理结构的优势结合起来，以适应不同大学的个性化需求。

第二节 治理过程的视角

对于大学治理的研究，需要重视大学的历史与文化，需要重视社会制度、文化环境和经济发展等因素。考虑了这些内部和外部的因素之后，对于大学治理就不能够仅仅停留在结构的研究，还要关注对治理过程的研究。

大学治理是"大学内外部利益相关者对大学重大事物做决策的

---

① Birnbaum, R., "Faculty in Governance: The Role of Senates and Joint Committeesin Academic Decision Making", *New Directions for Higher Education* (*Special issue*), Vol. 18, No. 3, pp. 8 – 25.

结构和过程”，在治理两个重要的方面——结构和过程中，结构是相对静态的、容易观察到的、容易进行研究的；而过程是动态的、易变的、难以观察更是难以进行研究的。以往的研究往往关注了结构，而忽视了过程，实际上，过程的研究对于大学治理更具有意义。由于过程研究的复杂性，需要以全新的视角进行研究。凯撒（Kezar）和艾克（Eckel）提出了五种研究视角，即效率、效果、参与性、领导力和回应环境。①

一 效率

效率是“在有限的财政支持制约条件下，以较少的投入（资源），获得更大的产出（结果），并进行资源配置，以避免无休止的委员会的讨论而造成决策的延误，从而陷入传统的学术治理的泥潭”②。治理中，效率一直是一个主要的焦点，大学管理效率一直是社会批评的对象。研究发现，治理结构/过程的规模和复杂性影响着决策过程的效率。③ 治理过程中，治理机构的规模越大，治理过程所要耗费的时间往往也更多，其效率也就越低。复杂的决策通常需要更多的思考和辩论，更容易陷入长时间的讨论。

另一个主要影响效率的因素是治理主体的组成与角色划分，④ 如果治理主体的组成包括关键人物和必要的专业人士，那么这个过程

① Kezar, Adranna, Peter D. Eckel, “Meeting Today's Governance Challenges: A Synthesis of the Literarure and Examination of Future Agenda for Scholarship”, *The Journal of Higher Education*, Vol. 75, No. 4, Jul-aug 2002, pp. 371 - 399.

② Schuster, J., Smith, D., Corak, K., & Yamada, M., *Strategic Academic Governance: How to Make Big Decisions Better*, Phoenix, AZ: Oryx, 1994, p. 195.

③ Bimbaum, R., *How Colleges Work: The Cybernetics of Academic Organization and Leadership*, San Francisco: Jossey-Bass, 1988.

④ Lee, B., “Campus Leaders and Campus Senates”, In R. Birnbaum (Ed.), *Faculty in Governance: The Role of Senates and Joint Committees in Academic Decision Making*, pp. 41 - 62, *New Directions for Higher Education*, Leslie, San Francisco: Jossey-Bass, No. 75, 1991.

就变得更有效率。而且，如果治理主体对于它的角色有清楚认识，那么对于明确目标和完成任务都有帮助。

同时，不能提供足够的制度支持（例如秘书、行政及财务支持），也会导致低效率。[①] 新技术在大学管理中的应用最有可能有助于克服这些问题的，但是这些技术的应用也增加了管理的复杂性。

二 效果

效果是“在一定的权限范围内，达成优质的决策，从而形成一个运行良好的组织”。对于效果，有几个条件是很关键的，包括角色的阐明、横向协调、信任和问责、价值和规范、治理团体组成和领导。研究发现，角色的明晰与效率和效果都有关系。与那些有明晰目的和角色的治理过程相比，缺乏有效负责和没有明晰指导的治理过程很容易失败。伯恩鲍姆的研究表明，更清晰的结构、责任明确的委员会和角色的认知，有助于产生良好的效果。当不能吸引有能力的人来担当大学治理的角色时，也会对效率和效果产生影响。[②]

治理结构框架影响效果，拥有合适的组织是与效果相联系的，在治理过程中邀请相关领域的专家参与可以提高决策，研究也证实，构建大学治理结构要考虑治理团体的组成。

三 参与性

参与性“是在战略决策制定过程的包容性，即是否能够包含内部和外部利益相关者，使他们参与到决策的过程中”。一些研究

---

① Gilmour, J., “Participative Governance Bodies in Higher Education: Report of a National Study”, In R. Birnbaum (Ed), *Faculty in Governance: The Role of Senates and Joint Committees in Academic Decision Making*, pp. 27 – 40, *New Directions for Higher Education*, San Francisco: Jossey Bass, No. 75, 1991.

② Dill, D. D., & Helm, K. P., “Faculty Participation in Policy Making”, in J. Smart (ed.), *Higher Education: Handbook of Theory and Research*, New York: Agathon, Vol. 4, 1988.

证实，那些参与了过程的人产生了一种满足感，它能够带来积极的结果。[①] 在一些研究中还发现，参与的程度越高，其效果也越强。越具广泛参与的过程，越能做出有效的决策并促进政策实施。问题是：什么样的参与方式可以被个人或团体解释为是独特的？在一个学校参与可能意味着在校委员会中有部分教师的代表参加，然而在另一个学校这可能意味着所有的教师都拥有投票权。所以，很难概括何种程度的参与会使过程有效、成功或令人满意。

四 领导力

领导力是“将个体的力量进行集合，并影响、塑造和产生组织的变革，迈向特定目标的影响力”。在治理过程中，一直存在着领导力与效率和效果相冲突的迹象。科恩和马奇[②]以及伯恩鲍姆[③]建议高层领导应扮演比通常意义少一些的角色，但在某些情况下却要发挥影响力。斯克特（Schuster）等从实证的角度证实：领导或领导风格显著地塑造着治理的效率和效果。[④]

五 回应环境

回应环境是指“对外部环境中的要素进行识别，从而使这些要素以合法的角色影响高等教育”。有证据表明，高等教育对它的环境的回应是有效的，只是回应所需的时间可能比人们所能接受的时间

---

① Williams, D., Gore, W., Broches, C., & Lostski, C., “One Faculty's Perception of Its Academic Governance Role”, *Journal of Higher Education*, Vol. 58, No. 6, 1987.

② Cohen M. D., & March, J. G., *Leadership and Ambiguity* (*2nd ed.*, 1974 *original*), Boston, MA: Harvard Business School Press, 1986.

③ Bimbaum, R., *How Colleges Work: The Cybernetics of Academic Organization and Leadership*, San Francisco: Jossey-Bass, 1988.

④ Schuster, J., Smith, D., Corak, K., & Yamada, M., *Strategic Academic Governance: How to Make Big Decisions Better*, Phoenix, AZ: Oryx, 1994, p. 195.

要长。开放系统最有可能适合回应环境，由韦克[①]和伯恩鲍姆[②]所做的关于“松散的耦合”（loose coupling）研究对于理解回应环境具有重要作用。“松散的耦合”允许个体单位根据自己的情况来调整对环境的适应性，这种适应不是整个学校的适应，这样即使这种调整出现问题，也不会危及整个大学。在环境变化中，子单位能更细致入微地识别环境并做出回应，而对于整个机构来说，虽然发生了变化却不会产生严重的失衡。

第三节　结语

一种“大家都在使用”的治理结构并不能证明就是“好”的治理结构，更不能保证做出“好”的决策。[③] 大学治理结构的构建主要考虑的两个因素就是效率和效果，研究表明，明确治理中的角色和减小治理结构的规模可以大幅度地提高效率。

大学治理要求大学明确自己的承诺，明确地标识出一个机构过去是什么，现在是什么和将来可能变成什么，这样的治理通常应该是在战略计划的框架下实施的，包括为相关利益者做准备。治理也应该考虑到政治的影响，每一种治理结构都要受到政治因素的干预。[④]

研究表明，各个群体之间的和谐关系、群体文化和传统习惯影

① Weick, K., "Educational Organizations as Loosely Coupled Systems", *Administrative Science Quarterly*, Vol. 21, No. 1, pp. 1 - 19, 1979.

② Bimbaum, R., *How Colleges Work: The Cybernetics of Academic Organization and Leadership*, San Francisco: Jossey-Bass, 1988.

③ Edwards, M., "Governments and Communities-Where do Academics fit in?", Paper presented to Governance and Communities in Edwards Partnership, Conference, Melbourne, Australia, September, 2006.

④ Gilmour, J. E. Jr., "Participative Governance Bodies in Higher Education: Report of a National Study", *New Direction for Higher Education*, Vol. 19, No. 3, 1991, pp. 29 - 30.

响治理过程，这些对于大学治理的影响集中反映在效果、参与性和回应环境上。当群体之间的关系比较和谐时，治理的效果、参与性和对回应环境都有明显提高。

大学要根据自身独特的历史、需求和实践，建立起适合自己的治理结构。同时还要考虑社会制度、文化传统和经济发展等外部因素。大学要根据自身发展的需要逐步重塑自己的组织，优化自己的治理结构，以最大限度地提高大学治理的效率、效果，同时促进参与性、提升领导力和快速回应环境，这些既是高等教育研究中重要的课题，也是高等教育所面临的主要挑战。

第五章　基本概念、理论与方法

第一节　基本概念

一　治理

“治理”最早源于古典拉丁文和古希腊语中的“掌舵”一词，原意是控制、引导和操纵的行动或方式。主要用于与国家公共事务相关的宪法或法律的执行问题，或指管理利害关系不同的多种特定机构或行业。

罗西瑙将治理定义为一系列活动领域里的管理机制，它们虽未得到正式授权，却能有效发挥作用。与统治不同，治理指的是一种由共同目标支持的活动，这些管理活动的主体未必是政府，也无须依靠国家的强制力量来实现。治理由共同的目标支持，这个目标未必出自合法和正式规定的职责，也不一定需要依靠强制力量克服挑战而使别人服从。治理是一种内涵更为丰富的现象既包括政府机制，包含非正式、非政府的机制。“治理是只有被多数人接受（或者至少被它所影响的那些最有权势的人接受）才会生效的规则体系；然而政府的政策即使受到普遍的反对仍然能够付诸实施。”“因此没有政府的治理是可能的，即我们可以设想这样一种规章机制：尽管它们未被赋予正式的权力但在其活动领域内也能够有效地发挥功能。”①

罗茨认为治理意味着统治的含义有了变化，意味着一种新的统治过程，意味着有序统治的条件已经不同于以前，或是以新的方法来统治社会。治理至少有六种不同定义。

（1）作为最小国家的管理活动的治理，指国家削减公共开支以最小的成本取得最大的效益。它重新界定了公共干预的范围和形式以及利用市场或准市场的方法来提供“公共服务”。

（2）作为公司管理的治理，即指导、控制和监督企业运行的组织体制。“治理的作用不是只关注经营公司的业务，而是给企业全面的指导，同时监督和控制管理层的业务活动，满足公司外部利益集团对公司的责任心和管制的合理要求。”②

（3）作为新公共管理的治理，指的是将市场的激励机制和私人部门的管理手段引入政府的公共服务，实行“更小的政府，更多的治理”或“更少的划桨，更多的掌舵”。

（4）作为善治的治理，指强调效率、法治、责任的公共服务体系。善治涉及“一种有效率的公共服务、一种独立的司法体制以及履行合同的法律框架；对公共资金进行负责的管理；一个独立的、向代议制的立法机构负责的公共审计机关；所有层次的政府都要遵守法律、尊重人权；多元化的制度结构以及出版自由”③。

（5）作为社会—控制体系的治理，指政府与民间、公私部门之间的合作与互动，强调处于中心的行动者进行管理时所受的限制，声称不再有单一的主权权威。这样治理成了互动式社会—政治管理方式的结果。

---

① ［美］詹姆斯·N. 罗西瑙：《没有政府的治理》，张志新等译，江西人民出版社 2001 年版，第 5 页。

② 俞可平：《治理与善治》，社会科学文献出版社 2000 年版，第 88 页。

③ 俞可平：《治理与善治》，社会科学文献出版社 2000 年版，第 91 页。

（6）作为自组织网络的治理，指建立在信任与互利基础上的社会协调网络，强调声誉、信任、互惠与相互依存。①

塞纳克伦斯认定治理是一个脆弱的概念，从来没有确切的定义，它往往用于有关国际秩序的计划项目，作为有助于和平与发展的规章和惯例等含义的用语。它反映这样一种观念：各国政府并不完全垄断一切合法的权力，社会上还有一些其他机构和单位负责维持秩序，并参加经济和社会调节。现在行使这些职能的是多种多样的政府性和非政府性组织、私人企业和社会运动它们一起构成本国与国际的政治、经济和社会调节形式。②

世界银行认为治理是“为了发展而在一个国家经济与社会资源的管理中运用权力的方式”。它把治理与健全管理联系在一起，认为有必要建立标准和规章制度，以便为公共事务的处理提供一个可靠而透明的框架，而且要求掌权者报告他们的工作。在这方面各国政府负有重大责任。良好的治理应该有非政府机构尤其是私营企业的参与。经合组织发展援助委员会扩展了世界银行的观点，认为治理就是“运用政治权威管理和控制国家资源以求经济和社会的发展”。公共当局必须为经济单位的充分运作创造必要的环境。经合组织有意在发展中国家中提倡尊重法律、健全行政管理以及建设廉洁负责的政府。③

全球治理委员会关于治理的界定具有代表性和权威性。该委员会的治理定义非常宽泛，把集体和个人行为的层面、政治决策的纵横模式都包罗在内，据此，治理是各种公共的或私人的机构管理其共同事务的诸多方式的总和，是使不同的甚至相互冲突的利益得以

---

① 俞可平：《治理与善治》，社会科学文献出版社2000年版，第96页。

② ［美］皮埃尔·塞纳克伦斯：《治理与国际调节机制的危机》，《国际社会科学杂志（中文版）》1999年第1期。

③ ［美］查尔斯·沃尔夫：《市场或政府——权衡两种不完善的选择》，谢旭译，中国发展出版社1994年版，第93页。

调和并且采取联合行动的持续的过程。这既包括有权迫使人们服从的正式制度和规则，也包括各种同意或认为符合其利益的非正式的制度安排。在世界范围内，一些非政府组织、群众运动、跨国公司和统一的资本市场的种种活动都属于治理的范畴。由此可以看出，治理意指由许多不具备明确等级关系的个人和组织进行合作以解决冲突的工作方式，它灵活地反映着多样化的规章制度甚至个人态度。①

治理有四个规定性特征：治理不是一整套规则条例，也不是一种活动，而是一个过程；治理过程的基础不是控制和支配，而是协调；治理既涉及公共部门，也包括私人部门；它不意味着一种正式的制度而是持续的互动。

综观上述诸种治理定义可以发现治理的内涵至少包括如下几个方面。

（1）在治理的主体上，超越企业治理的局限，也突破一国治理的范围，存在着一个由来自不同领域、不同层级的公私行为体（如个人、组织、公私机构、次国家、国家、超国家权力机关、非权力机构社会、市场、国家等）、力量和运动构成的复杂网络结构。

（2）在治理的基础上，超越国家权力中心论，国家对内已不再享有唯一的、独占性的统治权威，国家仍然发挥主要作用，但必须和其他行为体合作；对外，国家主权或自主性观念也逐渐受到各类超国家体制概念的挑战和削弱。

（3）在治理的方式上，既实行正式的强制管理，又有行为体之间的民主协商谈判妥协；既采取正统的法规制度，又采取使所有行为体都自愿接受并享有共同利益的非正式的措施。

---

① ［美］皮埃尔·塞纳克伦斯：《治理与国际调节机制的危机》，《国际社会科学杂志（中文版）》1999 年第 1 期。

（4）在治理的目的上，各行为体在互信、互利、相互依存的基础上进行持续不断的协调谈判，参与合作求同存异，化解冲突与矛盾，维持社会秩序，在满足各参与行为体利益的同时，最终实现社会发展和公共利益的最大化。①

二 大学治理

大学已经成为我们社会中最为重要的组织之一。大学提供的专业教育培养了医生、律师、设计师和工程师等；大学为本科生提供了博雅教育，为研究生提供了专业化的教育；大学通过提出新的概念、应用和发明高深知识为社会做出了巨大的贡献。大学早已经走出了“象牙塔”，从社会的边缘走向了社会的中心，成为社会发展和进步的引擎。大学组织也不是一种简单的组织，大学的复杂程度已经超过了大多数的社会组织和企业，大学中的事务既涉及教学与学术又涉及行政、财务与管理事务，加上大学的目标的多样性，在人才培养、科学研究、社会服务和文化传承四大任务之间达到平衡，使得大学的组织管理具有高度的复杂性，在多目标的状态下，大学治理呈现出了与政府治理和企业治理完全不一样的状态。

大学治理（University Governance）不是一个中国本土的概念，它来自西方。作为一个决策层面的关系结构，大学治理主要关注大学组织决策权力的分配，大体上相当于中国传统的“大学领导体制”概念。如何寻找一个良好的治理结构来确保组织的有效运行，是中国大学治理改进的出发点。②

大学治理是一个很复杂的概念，虽然对大学治理的定义有很多，

---

① 吴志成：《西方治理理论述评》，《教学与研究》2004 年第 6 期。

② 周光礼、郭卉：《大学治理实证研究 2015—2019：特征、趋势与展望》，《华东师范大学学报》（教育科学版）2020 年第 9 期。

但是很少能够取得共识。[①] 这些概念中有宏观的定义，例如统治和法律规则，即大学谁来制定决策；也有米勒斯（Miller）给出的较为中观的定义，即在大学里作为结构和过程的决策，并与大学的目标、政策、程序和步骤都密切相关。[②] 这些目标、政策、程序和步骤被写进法令和规章中，通过这些规章的约束，大学的重大决策被做出，通过这些决策，完成高等教育的使命。

沙特克（Shattock）试图进一步解释治理，对比传统的公司和非营利机构治理，他在多个层次上引进了治理的操作性概念。沙特克将治理看成从传统的董事会和学术委员会的决策直到教授委员会和学系的决策，这个概念重点强调了内部治理，尽管有很多研究将治理委员会看作是外部治理。当然，在美国，外部治理的重要性已经被反复强调，外部治理主要是处理大学、州政府和外部的利益相关者之间的关系。

对于内部治理和外部治理更好的定义来自马丁森和康斯丁（Marginson and Considing）。他们认为，治理关系大学内部的价值决定，关系大学谁来制定决策和资源分配，关系大学使命和目的，更关系大学的权威和等级制度，同时还要考虑大学与其他不同学术领域的学术机构、政府、商业和社区的关系。[③]

在定义治理时，马丁森和康斯丁认为大学与政府、商业和董事会的关系至关重要。当然定义也同样强调了在大学治理中内部利益相关者的重要性。这里外部的利益相关者包括个体、联邦、非政府

---

① Currie, J., DeAngelis, R., de Boer, H., Huisman, J., & Lacotte C., *Globalizing Practices and University Responses: European and Anglo-American Differences*, Westport, CT: Praeger, 2003.

② Millett, J. D., *New Structures of Campus Power: Success and Failure of Emerging Forms of Institutional Governance*, San Francisco, CA: Jossey-Bass, 1978, p. 9.

③ Marginson, S. & Considing, M., *The Enterprise University*, Melbourne, Australia: Cambridge University Press, 2000, p. 7.

组织和其他从法律上对大学外部治理感兴趣的独立实体。

大学治理的概念是一直发展和变化的，经济合作与发展组织（OECD）[①] 整合了内部、外部和网络关系，给出了容易被更多人接受的定义。这个定义认为，在大学重大事务决策的结构、关系和过程中，在国家的层次上，第三方政策是为了教育发展、实施和回顾。治理可以与复杂的网络进行对比，比如机构的特性和它们怎样与网络沟通，机构的资金是如何分配的，他们是如何确定方向的，怎样通过非正式的结构、关系来影响决策和行为。

需要强调的是，高等教育治理是一个流动的概念，正如上面的这些定义中表达出来的那样。里德、米克和琼斯（Reed，Meek and Jones）[②] 认为高等教育治理概念的混乱和复杂性来源于高等教育环境的复杂性，想要确定治理概念的多个维度是非常困难的事情。在不同政治体系的国家和不同层次的高等教育中，会产生不同的治理模型。所以，高等教育治理在不同国家之间区别很大。

三　有效性

大学治理的目标是要做出“好”的决策，也就是实现“好”的治理。因此，有效性是在关注大学治理的质量问题，对于治理的有效的定义，一直以来是一件具有挑战性的事情。舒斯特等人（Schuster et al.）[③] 提出将有效性定义为在比较的基础上决策所取得成果的质量。马西（Massy）[④] 进一步在质量的层面上定义了更加通用化的

---

① OECD. In P. Sariago, K. Tremblay, E. Basri, & E. Arnal (eds.), *Tertiary Education for the Knowledge Society*, Vol. 1, Paris: OECD.

② Reed, M., Meek, L., & Jones, G., "Introduction", In A. Amaral, G. Jones, & B. Karsrth, eds., *Governing Higher Education in a State of Flux*, London, England: Economica.

③ Schuster, J., Smith, D., Corak, K., and Yamada, M., *Strategic Academic Governance: How to Make Big Decisions Better*, Phoenix, Ariz.: Oryx Press, 1994.

④ Massey, W., *Honoring the Trust: Quality and Cost Containment in Higher Education*, Bolton, Mass.: Anker, 2003.

有效性的概念，质量代表了组织的产出，质量包含了完整的过程，在可能的情况下，质量要求基于过程的决策。

与治理有效性相似的另一个概念就是“善治”，作为一种现代概念，善治通常多被认为是对当代西方“Good Governance”的借用，其主要来源于西方国家公共行政管理领域的治理理论，是针对治理失效的可能性而提出的一种保障措施和目标追求。20 世纪 70 年代以来，鉴于国家与市场在资源配置中的双重失灵，“越来越多的人热衷于以治理机制对付市场和国家协调的失败”。① 为了合理有效地配置资源，使治理更加有效，不少学者和国际组织纷纷提出了诸如“元治理”“有效的治理”以及“善治”等治理新概念。其中，“善治”的影响较大。所谓善治，可以理解为“良好的治理”或“有效的治理”。它是多元治理主体在共同合作协商的基础上对公共事务所实施的最佳治理，一般被视为“使公共利益最大化的社会管理过程”。②

熊节春采用比较分析方法、结构—功能分析方法、利益相关者分析方法、自组织系统与网络分析方法、哲学分析方法和伦理分析方法反思和分析了善治的基本伦理属性和伦理特征、善治的网络互动系统结构之“善”、善治的具体目标之“善”、善治中政府行为之“善”、善治中公民社会行为之“善”、善治中企业行为之“善”、善治的观念之“善”、善治的制度之“善”以及善治的后果之“善”。③

大学治理的有效性就是要提供有效的治理。有效治理是相对于失灵的或者低效的治理而言的。在经济的发展过程中，会存在市场失败，市场失败是由于一味地追求私利，未能为经济活动做有效的资源配置，因此未能达到经济的目标。国家是应对市场失败的良药，

---

① ［英］鲍勃·杰索普：《治理的兴起及其失败的风险：以经济发展为例的论述》，《国际社会科学杂志（中文）》1999 年第 1 期。

② 俞可平：《治理与善治》，社会科学文献出版社 2000 年版，第 8 页。

③ 熊节春：《善治的伦理分析》，中国社会科学出版社 2014 年版，第 1 页。

但是国家也可能存在失败的风险，国家失败的风险是指未能实现重大的政治目标，即保障公共利益，防止它受到特定利益集团的侵犯。虽然探讨市场失败与国家失败的文献很多，但关注治理失败问题的论文却凤毛麟角。① 在大学治理中一样也存在着失败的可能性。大学是一个多目标的组织，有别于营利性的组织和政府组织，大学组织既不适用于市场化的逻辑也不适用于行政化的逻辑。大学是学术性的组织，担负着发现、保存和传播高深知识的重任，对于这种学术性的组织，在以前的研究中很少提及治理的失灵和无效，更没有提及治理的失败。但是随着我国高等教育规模的迅速膨胀，高等教育的受教育人数和所消耗的财政经费迅速增加，高等教育的质量问题日益凸显，高等教育治理的有效性变得越来越重要。

在伯恩鲍姆看来，“有效性”的定义并不明确，人们对于提高和保持有效性的原则、判断有效性的标准都一无所知。② 因而，在以往研究中，仅有少数研究者尝试过进行定义。他们主要从以下三种取向出发，对有效治理内涵进行不同方式的解读。目标取向的定义：这种观点认为，有效性取决于治理过程运行和结果演变是否与人们对它的期望值相匹配。过程取向的定义：大学治理是各层级、各结构体系性作用的结果，因而有学者从系统层面进行定义，强调治理过程中各层级的协同作用。③ 价值取向的定义：执此取向的学者认为治理有效性是指在能力基础上达成的高质量决策所具有的价值。④

治理的有效性取决于治理效果的好坏和治理效率的高低，联合

① ［英］鲍勃·杰索普：《治理的兴起及其失败的风险：以经济发展为例的论述》，《国际社会科学杂志（中文）》1999 年第 1 期。

② ［美］罗伯特·伯恩鲍姆：《大学运行模式——大学组织与领导的控制系统》，别敦荣等译，中国海洋出版社 2003 年版，第 51 页。

③ Michael Shattock, *Manage Good Governance in Higher Education*, New York: Open University Press, 2006, pp. 1 – 3.

④ Schuster, J. , Smith, D. Corak, K. , and Yamada, *Strategic Academic Governance: How to Make Big Decisions Better*, Phoenix Ariz: Oryx Press, 1994.

国开发计划署将治理的有效性概括为“效果（effectiveness）与效率（efficiency）——在取得预期结果的同时最佳利用资源的过程和制度”[①]，作为善治的七大特征之一。俞可平将作为善治要素之一的“有效性”界定为“主要指管理效率，包括管理结构设置合理，管理程序科学，管理活动灵活，以及最大限度地降低成本”。[②]

第二节　基本理论

一　治理理论

法国学者让·戈丹指出，治理并不是新词，在中世纪、古典主义时期和现代都有出现。在中世纪末期，govern、government、governance 三个词意思相同，可相互替用。后来，government 逐渐与权力、命令等概念相关，将统治的思想与等级化的权力、垂直和自上而下的指挥关系以及以整齐划一的方式推行的意志等概念联系在一起。而 governance 则从对社会进行观察和对人力物力进行最初计算发展而来的实用知识开发、税务管理和司法的系统运作中演化出来。

在近代，首先在关于组织尤其是企业中开始使用治理一词，从此治理理念开始广为流行，被用于各个知识领域，但直到 20 世纪 90 年代中期，治理才真正进入“第三次生命阶段”，并且进入公共政策分析领域。[③] 词汇史和各学科史研究表明，治理观念有多条发展途径，其交汇点就归结到权力机构的实际指导，促使传统的统治方法向更加实证方法和实践知识的发展，并转化为一个关于“治理”的

---

① United Nations Development Programme, *Governance and Sustainable Human Development*, New York: UNDP, 1997.

② 俞可平：《治理与善治引论》，《马克思主义与现实》1999 年第 5 期。

③ 崔艳丽：《20 世纪 80 年代以来的英国高等教育治理研究》，博士学位论文，南京师范大学，2014 年。

整体概念。[①]

治理理论的迅速兴起和治理实践的广泛铺展首先深刻反映了当代经济和社会面临着福利国家危机、全球化与国家转型、地方化和新地方主义的重大转型。[②] 具体看，治理理论的产生与以下社会背景密切相关：国际层面上全球问题频频出现，超出了民主国家管理的范畴，需要全球治理；国家层面上政府失灵和市场失灵，政府公共行政管理改革需要治理；社会层面上公民社会的兴起和第三部门力量的壮大为治理的实现提供了现实基础；技术实现上网络信息技术的发展极大地促进了治理的推行。[③]

有关治理的研究是近年来社会科学关注的焦点，国际多边、双边机构和学术团体以及民间志愿组织的出版物中以它为常用词汇。世界银行 1992 年度的报告就以“治理与发展”为标题；经济合作与发展组织 1996 年业以“转变中的治理”为题总结经合国家的治理变革；《国际社会科学》杂志（英文版）1998 年专门刊发了一期探讨治理的文章。在学术研究中，也已出现一些代表人物及其代表作，罗西瑙的《没有政府的治理——世界政治中的秩序和变革》、罗茨的《新治理：没有政府的统治》、盖伊·彼得斯的《治理的未来：四种出现的模式》、吉尔斯·佩奎特的《通过社会学习的治理》和沃尔特·基克等人的《管理复杂网络：公共部门的行动战略》，等等。在公共管理领域，治理一词也逐渐获得话语霸权，在很多地方取代了公共行政和政府管理。

然而，由于分析角度和对象的不同，学者们对治理的内涵有着不同的理解，在定义上远未能达成一致的看法。全球治理委员会提

① ［法］让·皮埃尔·戈丹：《何谓治理》，钟震宇译，社会科学文献出版社 2010 年版，第 13—16 页。

② 王诗宗：《治理理论及其中国适用性》，浙江大学出版社 2009 年版，第 15—32 页。

③ 龙献忠：《从统治到治理——治理理论视野中的政府与大学关系研究》，博士学位论文，华中科技大学，2005 年。

出，治理是各种公共的或私人的个人和机构管理其共同事务的诸多方式的综合，它是使相互冲突的或不同的利益得以调和并且采取联合行动的持续的过程。[①] 在罗茨看来，治理可用于指代任何活动的协调方式，至少有六种不同的用途：作为最小国家的治理、作为公司治理的治理、作为新公共管理的治理、作为善治的治理、作为社会—控制系统的治理和作为自组织网络的治理。实际上这表明了庞杂的治理理论体系有着不同的研究途径。

20 世纪 90 年代中后期，国内学者也开始从政府管理的角度关注治理理论。最早有关治理的文章出现在刘军宁等主编的《公共论丛：市场逻辑与国家概念》中。智贤在《Governance：现代治道新概念》中将 governance 翻译成治道，认为治道是关于治理公共事务的道理、方法和逻辑，是对市场经济条件下国家管理经济职能提出的基本要求，主要涉及运用公共权力的方式，旨在提高发展中国家管理公共事务的效能，驾驭经济发展的能力。撇开翻译上的差异，不难看出，当时国内学者对治理的理解源自世界银行等国际经济组织对善治的用法，治理被等同于明确政府在现代市场经济中的角色，改革公共部门的管理，建立可预知的法律框架，健全责任制度和规范公共权力等。徐勇进一步认为治理不仅涉及公共权力的运作，而且涉及权力的配置，是统治者或管理者通过公共权力的配置和运作，管理公共事务，以支配、影响和调控社会。

在《西方政府的治道变革》中，毛寿龙也将“governance”翻译成治道，认为治道是在市场经济条件下政府如何界定自己的角色，如何运用市场方法管理公共事务的道理。治道变革指的是西方政府如何适应市场经济有效运行的需要来界定自己的角色，进行市场化变革，并把市场制度的基本观念引进公共领域，建设开放而有效的

① 俞可平：《治理与善治》，社会科学文献出版社 2000 年版，第 4 页。

公共领域。大体上，毛寿龙采用了治道的新公共管理的用法，强调了企业经营技巧及市场调节的激励机制及其在公共管理中的运用。“治理是一种比统治更宽泛的现象，是由共同目标支持的活动，目标本身可能来自法律和正式规定的责任，但也可能并非如此，而且无须依靠警察的力量迫使人们服从。”①

治理理论有一系列主张，主要包括：其一，强调分权化、多中心与多方参与；其二，重视多种结构、多种水平及多种工具的适用。分权化、多中心与多方参与更多地体现了治理价值追求，以制度创新开创一种有更广泛参与的公共行政新传统，进而实现公共利益和公共价值。治理中的多种水平、多种结构和多种工具主张更多地与治理的效率追求相关，治理理论实际上为层级治理留下了一个重要位置。治理保留和融合了许多原有的“经济—社会—政治”结构，因此，治理结构实际上包括了等级模式、市场模式和网络模式，这三者又必须是协调的。②

大学是作为一种特殊的社会组织而存在的，因此其管理方式不应像其他社会组织一样采用集中控制的方式，而应给予大学一定的自主权。特别是在知识经济时代，大学“轴心机构”的地位愈发凸显出来，政府已经不可能采取传统的控制模式对大学进行管理，而必须跟随时代潮流，以新的治理工具和治理技术来促进大学的可持续发展。

二 社会资本理论

20 世纪 70 年代以来，经济学、社会学以及政治学等多个学科都

---

① J. N. Rosenau, *Governance without Government: Order and Change in World Politics*, Cambridge University Press, 1992, p. 4.

② 崔艳丽：《20 世纪 80 年代以来的英国高等教育治理研究》，博士学位论文，南京师范大学，2014 年。

不约而同地开始关注一个概念，社会资本（social capital）。所谓社会资本，一般是指个人在一种组织结构中，利用自己特殊位置而获取利益的能力。一般就是指个人的亲戚、朋友、同学、老乡等关系，一个人能从这些关系中获取得利益越高，那么他的社会资本就越高。

到了20世纪90年代以来，社会资本理论逐渐成为学界关注的前沿和焦点问题，社会学、政治学等许多学科都从学科的角度对社会资本进行了研究，用来解释经济增长和社会发展。社会资本甚至被西方国家的决策圈看成是解决社会矛盾的新思路，即所谓的“第三条道路”。

布迪厄是第一位在社会学领域对社会资本进行初步分析的学者。布迪厄在其关系主义方法论的基础上提出“场域”和“资本”概念，并把场域看作是由各种社会关系连接起来的，表现形式多样的社会场合或社会领域，社会成员或团体因在场域中占据不同的位置而获得不同的社会资源和权利。布迪厄认为场域作为各种要素形成的关系网，是个动态变化的过程，变化的动力是社会资本。布迪厄把资本划分为三种类型：经济资本、文化资本和社会资本，集中研究了资本之间的区分及相互作用，认为资本之间可以相互转换，且社会资本以关系网络的形式存在。

科尔曼对社会资本做了较系统的分析。科尔曼以微观和宏观的联结为切入点对社会资本做了较系统的研究，他认为社会资本研究的目的就在于通过对社会资本的研究来研究社会结构。科尔曼把社会结构资源作为个人拥有的资本财产叫作社会资本，其基本形式有义务与期望、信息网络、规范与有效惩罚、权威关系、多功能社会组织和有意创建的组织等。

林南通过对社会网的研究提出社会资源理论，并在此基础上提出了社会资本理论。他把资源分为个人资源和社会资源。个人资源指个人拥有的财富、器具、自然禀赋、体魄、知识、地位等可以为个人所支配的资源；社会资源指那些嵌入个人社会关系网络中的资源，如权力、财富、声望等，这种资源存在于人与人的关系之中，必须与他人发生交往才能获得。社会资源的利用是个人实现其目标的有效途径，个人资源又在很大程度上影响着他所能获得的社会资源。在社会资源理论的基础上林南又提出了社会资本理论。社会资源仅仅与社会网络相联系，而社会资本是从社会网络中动员了的社会资源。林南强调社会资本存在于一定的社会结构之中，人们必须遵循其中的规则才能获得行动所需的社会资本；同时，人们通过有目的的行动可以获得社会资本。

罗伯特·帕特南在科尔曼研究的基础上，将社会资本从个人层面上升到集体层面，并把它引入政治学研究，从自愿群体的参与程度角度来研究社会资本。帕特南在《让民主的政治运转起来》中提出公民参与网络，认为由于一个地区具有共同的历史渊源和独特的文化环境，人们容易相互熟知并成为一个关系密切的社区，组成紧密的公民参与网络。这一网络通过各种方式对破坏人们信任关系的人或行为进行惩罚，从而得到对自身的加强。这种公民精神及公民参与所体现的就是社会资本。在帕特南那里，社会资本是一种团体的甚至国家的财产，而不是个人的财产。帕特南强调，如果认识到社会资本是重要的，那么就不应该把它的重心放在增加个人的机会上，而必须把注意力放在社群发展上，为各种社会组织的存在留下空间。

20 世纪 90 年代以后，社会网络理论作为社会资本理论的重要内容在美国社会学与管理学界蓬勃发展。这一方面受惠于怀特、布尔曼等人的一套数学分析方法；另一方面中层理论的发展对很多具体可测量的因变量提出了有效的解释。如怀特的“机会链”理论揭示了内部劳动力市场的升迁现象；斯坦福大学格兰诺维特的“弱连带优势理论”对劳动力市场的求职与转职做了许多讨论，其“镶嵌理论”则把信任和交易成本作为中介变量，探讨了组织结构形成的因素；博特的“结构洞”理论对组织内部权力的运作及升迁的过程做出了十分有价值的理论贡献。[①]

社会网理论为宏观社会环境与个人选择、个人意愿之间建立了一个纽带，社会关系网是组织成员本身所发展出的互动关系。在这个社会网中，个人居于自己的社会网的中央，社会网的每个人都预期将来彼此会继续合作。一方面，个人与社会网中的其他人存在着不同程度的情感关系；另一方面，当个人需要其社会网中某一个人所能支配的某种特殊资源时，他可能请求对方将其所控制的资源进行有利于自己的分配。在这种关系网络中，情感的支持与资源的交换解释了个人与组织内和组织外社会环境的互动。社会结构的形态以及一个人在结构中所占据的位置可以影响个人的意愿与决定。[②]

三　绩效管理理论

绩效管理的思想发端于绩效评估，绩效评估的需要促成了绩效管理的实践。在企业中，业绩的考核、评价在本质上是一种社会需要的表现。特别是随着现代社会经济、社会的发展，管理活动面临着更加复杂多变的内外部环境，管理者逐渐意识到组织结构的调整、扁平化、精减人员、权力分散化等举措未必能持续改进企业绩效，员工的意愿和行为才是绩效提高的真正关键所在。建立学习型组织，形成有利于调动员工积极性、创新精神，构建团队合作的组织文化和氛围成为人们的共识。在这一背景下，研究者感到传统绩效评估存在着自身的局限性和不足，于是，基于行为科学的研究成果，研究者拓展了绩效的内涵，并在总结绩效评价不足的基础上，在 20 世

---

① 罗家德：《社会网络分析讲义》，社会科学文献出版社 2012 年版，第 5 页。

② 罗家德：《社会网络分析讲义》，社会科学文献出版社 2012 年版，第 40—41 页。

纪70年代后期提出了“绩效管理”的概念。80年代末和90年代初，随着人们对人力资源管理理论和实践研究的重视，绩效管理逐步成为一个被广泛认可的人力资源管理过程。

20世纪70年代后半期到90年代以前，是绩效管理理论发展的第一阶段。该阶段，针对绩效评估出现的种种弊端和问题，学者开始了反思、重估。如斯潘伯格（Spangenberg）认为传统的绩效评估是一个相对独立的系统，通常与组织中的目标和战略、组织文化、管理者的承诺和支持等因素相脱离，而这些背景因素对于成功地实施绩效评估有着非常重要的作用。正因为传统的绩效评估对于提高员工的满意度和绩效的作用非常有限，对完成组织目标的作用也不大，所以带来了绩效管理系统的发展。① 帕蒙特指出应该把传统的绩效评估的目的转移到员工的提高上来。传统的绩效评估存在一些问题，如评估没有得到很好的执行，许多管理者对员工的评估表面上和私下里是不一致的，不注重评估的价值，对组织和员工的作用不大等。② 汤姆·科恩和玛丽·金肯斯在总结许多管理实践案例后，指出应当废止绩效评估。范德瑞指出应该用绩效管理系统代替每年的绩效评估，他的评述包括了现在绩效管理系统的大部分内容。③

20世纪90年代以后，绩效管理研究主要领域是集中在理论体系的丰富和发展。这一阶段，学者把绩效管理看作是管理组织绩效的系统。他们从组织角度来审定目标制定、改进绩效和考核计划。④ 考斯泰勒主张绩效管理是组织和员工的综合系统，他认为绩效管理通

① Spangenberg H. H.，“A Systems Approach to Performance Appraisalin Organizations”，Paper Presented at the Morning，Vol. 25，No. 1，1992，p. 1.

② Pamenter. Fred，“Moving From Appraisal to Employee Enhancement”，*Canadian Manager*，Vol. 25，No. 1，p. 13.

③ Nickls，“As Overview of Performance Measuerment”，*Public Management*，1994.

④ Rogers，“An Exploratory Wtudy of Performance Measurement Sys-Terns and Relationships With Performance Results”，*Journal of Options Management*，Vol. 22，2004，pp. 219 – 232.

过将各个员工或管理者的工作与整个工作单位的宗旨连接在一起，从而支持公司或组织的整体事业目标；同时他认为，绩效管理的中心目标是挖掘员工的潜力，提高他们的绩效，并通过将员工的个人目标与企业战略结合起来，从而提高公司的绩效。①

绩效管理理论吸纳了多种管理理论的思想和方法，其中控制论、信息论、管理学和行为科学等构成了绩效管理的一般理论基础，权变理论、管理控制理论、成本收益分析和激励理论等成为其直接理论基础。绩效管理方法经历了非制度化到制度化的演变。在制度化绩效管理阶段，又经历了从传统的重点突出评价功能的绩效管理方法，到现代的全面关注整个流程的系统化绩效管理方法的进化，即全面兼顾绩效计划、实施、沟通、评估、结果应用等管理环节。与此同时，绩效管理在理念上经历了从单纯实施激励促进绩效，到强化执行力，再到提高核心竞争力的跃升。但是，无论何种方法，其核心都是对组织或个人绩效的管理控制，其本质是对绩效信息的获取、分析和应用过程，都应遵循管理控制的一般规律。②

绩效管理具有以下基本特征：其一，绩效管理的目的是更有效地实现组织预定的目标；其二，绩效管理的主体是掌握人力资源管理的知识、专门技术和手段的绩效管理人员和员工；其三，绩效管理的客体是组织绩效；其四，绩效管理是一个包含计划、实施、检查、调整完整循环体系的综合过程。③

根据经合组织的统计，20 世纪 90 年代以来，公共部门绩效评估在美国、英国、加拿大、丹麦、芬兰、挪威、德国、法国、新西兰、荷兰、澳大利亚等国都得到广泛应用。在我国，随着公共部门

---

① Costello, *Performance Management-Assessing Human Behavior at Work*, Boston: Kent Publisher, 1994.

② 张双：《绩效管理理论溯源》，《商场现代化》2007 年第 1 期。

③ 赵曙明编著：《绩效管理与评估》，高等教育出版社 2004 年版，第 9—10 页。

目标责任制的推行，公共部门绩效评估问题也开始引起了理论界和实践界的注意。我国的绩效评估实践探索分为如下三种类型或形式，即以目标责任制、效能监察、行风评议等为代表的普适性的政府机关绩效评估；以卫生部、教育部等对各自所属企事业单位进行的组织绩效的定期评估为代表的行业组织绩效评估；以珠海市"万人评政府"、深圳市"企业评政府"等为代表的专项绩效评估。经过多年的探索，我国在绩效评估的理论和实践两方面都取得了一定成效。①

由于大学组织中科层制导致了公共高等教育体制的低质和低效、高等教育普及化导致的教育资源短缺危机、大学自身角色的改变等困境，政府有责任问责高等教育机构的效率、效益、经济性以及服务责任的履行情况，并促进这种责任有效履行 。这样，政府就获得了在大学中实施绩效管理的正当性。②

第三节　研究方法

一　社会网络分析法

近几十年来，社会网络分析越来越受到公众和学界的青睐。自20世纪70年代以来，人们对社会网络分析技术的兴趣显著增长。近期的增长部分体现在人们逐渐关注"网络化"在引领实践管理方面的重要性，部分体现在诸如Facekook和Twitter这样的"社交"网站的激增上，这些网站能够为使用者提供即时的"朋友"和"跟随者"网络。③ 目前，社会网络分析主要沿着三个大的方向进行发展：

---

① 陈振明：《公共部门绩效管理的理论与实践》，《中国工商管理研究》2006年第12期。

② 许杰：《试析高等教育领域的绩效管理——管理主义的视角》，《教育与经济》2008年第2期。

③ ［美］戴维·诺克、杨松：《社会网络分析》，李兰译，上海人民出版社2012年版，第2页。

社会计量学派运用图论方法对社会网络分析做出了杰出贡献，哈佛学派致力于研究人际模式和“团伙”形式，曼彻斯特学派把社会网络分析技术运用到人际关系上。

社会网络分析的意义在于通过对网络中各种关系进行客观的定量分析，为实证研究提供量化的检验工具。社会网络分析是定性和定量的桥梁，通过对大量的图表数据进行定量分析得出定性的结论。社会网络分析法具有的这些优点使得该方法在我国多个领域都得到了广泛的应用，并取得了一系列的成果。

社会网络分析是定量描述大学权力结构的有效工具。社会网络分析正是以关系或结构为分析对象，并且运用一定的网络指标来分析描述网络关系或网络结构。[①] 在教育领域应用社会网络分析取得了一系列的研究成果，如：第一，运用社会网络分析中的密度、中心性等网络指标描述了学术交流网络结构[②]、教师沟通互动网络结构[③]及班级网络结构[④]等。第二，在社会网络分析定量化描述社会网络结构的基础上，借助回归分析、相关分析等研究了科研团队结构与科研绩效的关系[⑤]，教师网络和学生学习成绩的关系[⑥]，领导者网络结构及非正式网络结构与绩效的关系[⑦]，班级网络结构、班级成员行为

---

① 韩真：《基于共词分析的主题类型划分方法比较研究》，《图书馆》2009 年第 21 期。

② 张玥、朱庆华：《Web 2.0 环境下学术交流的社会网络分析——以博客为例》，《理论与探索》2009 年第 32 期。

③ William R. Penuel. , Min Sun. , Kenneth A. Frank. , & H. Alix Gallagher, “Using Social Network Analysis to Study How Collegial Interactions Can Augment Teacher Learning from External Professional Development”, *American Journal of Education*, Vol. 119, No. 1, 2012, pp. 103 – 136.

④ 高蕾：《社会网络分析法在高等学校班级结构和人际特征分析中的应用探究》，《经济师》2010 年第 2 期。

⑤ 刘璇：《社会网络分析法运用于科研团队发现和评价的实证研究》，硕士学位论文，华东师范大学，2011 年。

⑥ Nienke M. Moolenaar. , Peter J. C. Sleegers. , & Alan J. Daly. , “Teaming Up: Linking Collaboration Networks, Collective Efficacy, and Student Achievement”, *Teaching and Teacher Education*, Vol. 28, No. 2, 2012, pp. 251 – 262.

⑦ Jule M. Hite. , Ellen J. Williams, & Steven C. Baugh, “Multiple Networks of Public School Administrators: An Analysis of Network Content and Structure”, *International Journal of Leadership in Education*, Vol. 8, No. 2, 2005, pp. 91 – 122.

和心理与班级凝聚力的关系。①

尽管有学者已经应用社会网络分析方法来研究教育领域的网络结构，如教师网络结构、学生网络结构、领导网络结构等，但是这些网络结构仅是以单一对象为主的网络结构，还欠缺对大学整体网络结构的研究；虽然也有学者研究网路结构与绩效关系，但是缺少大学内部权力结构与大学绩效的研究，基于此，本书运用社会网络分析法深入研究大学内部权力结构，并对权力结构与绩效之间的关系进行研究，从而探寻完善权力结构与提高绩效的有效路径。

二　绩效评价方法

绩效评价方法是指职能部门运用一定的量化指标及评价标准，为实现其绩效目标以及为实现目标所安排预算的执行结果采取的综合性评价方法。绩效评价已经有很多种方法，如组织中常用的目标管理法、KPI（关键绩效指标法）、平衡计分卡等。

目标管理法是由员工与主管共同协商制定的个人目标，个人目标依据企业的战略目标及相应的部门目标而定，并尽可能与他们一致，该方法用可观察可测量的工作结果作为衡量员工绩效的标准。优点有：直接反映员工的工作内容，结果易于观测，较少出现评价失误；适合对员工提供建议，进行反馈和辅导；员工工作积极性大大提高，增强了责任心和事业心。但目标管理法也存在一定不足：由于没有在不同部门、不同员工之间设立统一的目标，因此难以对不同员工和不同部门间进行工作绩效的横向比较，不能为晋升决策提供依据。

直接指标法是在员工的绩效衡量方式上，采用可监测、可核算

① 杨泾：《高校班级凝聚力的影响因素研究——基于社会网络分析方法》，硕士学位论文，电子科技大学，2013 年。

的指标构成若干考评要素，作为对员工的工作表现进行评估的主要依据。如对非管理人员，可以衡量其生产率、工作数量、工作质量等；而对管理人员，可以通过对员工的缺勤率、流动率的统计实现评估。

关键绩效指标（Key Performance Indicators，KPI），又称主要绩效指标、重要绩效指标、绩效评核指标等，是指衡量一个管理工作成效最重要的指标，是一项数据化管理的工具，必须是客观、可衡量的绩效指标。这个名词往往用于财政、一般行政事务的衡量，是将公司、员工、事务在某时期表现量化与质化的一种指标。可协助优化组织表现，并规划愿景。关键指标必须符合 SMART 原则，即具体性（Specific）、衡量性（Measurable）、可达性（Attainable）、相关性（Relevant）、时限性（Time-based）。关键业绩指标指明各项工作内容所应产生的结果或所应达到的标准，以量化最好。最常见的关键业绩指标有三种：效益类指标、营运类指标、组织类指标。确立 KPI 指标的要点在于流程性、计划性和系统性，具体的操作流程包括：确定业务重点、分解出部门级 KPI、分解出个人的 KPI、设定评价标准、审核关键绩效指标。

科莱斯平衡记分卡（Careersmart Balanced Score Card），源自哈佛大学教授卡普兰与诺朗顿研究院（Nolan Norton Institute）的执行长诺顿于 20 世纪 90 年代所从事的“未来组织绩效衡量方法”的一种绩效评价体系。平衡计分卡是从财务、客户、内部运营、学习与成长四个角度，将组织的战略落实为可操作的衡量指标和目标值的一种新型绩效管理体系。设计平衡计分卡的目的就是要建立“实现战略制导”的绩效管理系统，从而保证企业战略得到有效的执行。因此，经过 20 多年的发展，平衡计分卡已经发展为集团战略管理的工具，在集团战略规划与执行管理方面发挥着重要的作用。

高校组织绩效评价虽然归属于绩效评价，但它更多地属于大学评价的一种方式，关于大学投入产出绩效评价的文献在国内数量比较少，而且质量也不是很高，大多停留在简单的线性数据分析基础上，在方法上缺乏系统性、科学性和创新性。《英国大学管理统计和绩效指标体系》是英国比较全面系统的高校绩效评价指标体系，它是由英国副院长、校长协会和大学拨款委员会工作小组编制的。它包含三类指标：输入指标，主要反映高校利用的资源、人力和经费情况；过程指标，主要反映办学过程中有关资源的使用率、管理行为和组织行为情况；输出指标，主要反映教育的成效与产出情况。共由 39 项指标构成，大部分为可获取的财务数据。该评价系统比较系统、全面地反映了高校各方面的情况，但大部分都是财务性指标，且是一种将投入产出综合统计的评价方式，不能从投入资源利用率的角度反映高校的绩效水平。

中国教育科学研究院 2009 年发布的《中国高等学校绩效评价报告》是在方法和内容上比较全面和系统的大学投入产出绩效的研究。其他有关大学投入产出的绩效研究多集中在科技投入与产出绩效研究。例如付晔、张乐平等做了不同类型大学的科技投入产出效率的比较研究，[①] 陈淳以华南农业大学为案例对该校的科技投入产出进行分析。还有研究对某省内的高校科技投入产出或者高校投入产出做了比较简单的线性分析。[②]

绩效评价的具体实现技术有以下几种。

其一，数据包络分析。段永瑞、霍佳震指出：“目前关于学校评价或排名的研究大多采用线性权重法，其出发点是将所有的指标给

① 付晔、张乐平等：《不同类型大学科技投入产出效率的比较研究》，《科技管理研究》2010 年第 1 期。

② 陈淳：《高校科技投入产出分析》，《广东农业科学》2009 年第 7 期。

定权重，并将指标得分进行加权，这种方法显然没有考虑到效率问题。”① 他们采用 DEA 模型对我国 50 所重点院校的科研绩效进行了分析。苗玉凤、田东平运用 EMS 软件对 2002 年我国 53 所重点院校的 DEA 线性规划模型进行求解，得出了技术效率、规模效率和综合效率值，结论反映了高校整体的效率情况，为政策制定和高校发展提供了参考。

其二，TOPSIS 方法。这是一种基于数据的客观评价方法，和 DEA 模型类似，它能够有效规避指标赋权的主观性，在同一样本中进行相对优劣对比分析。戚巍、陈晓剑等以学术绩效作为研究对象，利用 ESI 数据库，建立基于 TOPSIS 方法的评价模型，对我国“985 工程”中 33 所研究型大学的学术绩效进行评价。研究发现，“985 工程”首批高校的学术绩效位居前列，但“985 工程”大学学术绩效的总体水平不高，且存在两极分化现象。②

其三，比较优势特征分析。所谓比较优势特征，即在一定范围内，在不违背公共利益的前提下最有利于被评价组织个体的特征。③ 这种评价方法与传统评价方法最大的不同就是重视了评价对象的特色差异性。力图在评价设计中体现出不同对象的相对优势。从而实现对每个对象的公平性。赵希男和贾建锋在这方面做了有意义的研究，他们采用此方法对我国研究型大学建设绩效进行分析，其结果以一种多角度价值参数显示，如果一所大学的多项价值参数都较高，则说明综合绩效越高，而在某些价值参数上低的大学可能在其他价值参数上有更高的值，这反映出不同大学的比较优势。和传统的单

---

① 段永瑞、霍佳震：《基于数据包络分析的高校科研绩效评价》，《上海交通大学学报》2007 年第 7 期。

② 戚巍、陈晓剑等：《基于 TOPSIS 的中国研究型大学学术绩效评价方法研究》，《中国高教研究》2010 年第 1 期。

③ 赵希男、贾建锋：《我国研究型大学建设绩效的评价方法及其实证研究》，《研究与发展管理》2007 年第 12 期。

一排名相比，这种研究是对传统方法的一种突破和创新。

其四，统计分析方法。主要是运用统计软件对数据进行处理，筛选指标，计算指标权重并最终计算得分。这种方法的指标确定和赋值都依赖于现有数据，因此客观性和可信度较高。具体的方法包括聚类分析法、典型相关分析、因子分析、主成分分析等。通过这些方法的综合运用来进行大学评价。《中国高等学校绩效评价报告》就主要采用了上述方法，计算出了我国 72 所重点高校在 3 年内的“投入—产出”绩效排名。

本书进行的绩效评价是对高校利用办学资源（投入）实现其功能（产出）的效益的综合性评价，以经济学“投入—产出”理论为指导，运用投入产出转化率和算术平均的思想得到高校绩效评价模型：绩效得分 =3 年产出平均得分/3 年投入平均得分。之所以采用 3 年的数据均值是为了消除学校发展过程波动性因素的影响，便于进行更为科学的比较。

三　问卷调查法

问卷调查法也称问卷法，是调查者运用统一设计的问卷向被选取的调查对象了解情况或征询意见的调查方法。研究者将所要研究的问题编制成问题表格，以邮寄方式、当面作答或者追踪访问方式填答，从而了解被试者对某一现象或问题的看法和意见，所以又称问题表格法。问卷法的运用，关键在于编制问卷、选择被试和结果分析。

课题组经过研讨、论证、试测、修改等环节后，编制并发放了《大学内部治理现状与问题调查问卷》，通过对国内高校领导、管理层、教师和学生的问卷调查，基本摸清当前我国大学内部治理中存在的问题和困境，为后续深入研究奠定事实性基础。

四 案例研究法

案例研究是社会科学研究的一种重要形式。通常案例研究法可以根据实际研究的需要，采取单独使用或者与其他研究方法结合使用的方式。案例研究在狭义上的目标是形成一个宝贵而深刻的理解——对案例有独特的、希望解释现实世界的行为及其含义，同时启迪后续研究的灵感。[①] 大学治理领域，没有适用所有组织的治理结构；大学治理既在不同类、不同型的高校之间存在差异，也在不同时、不同域的高校之间有所区别。从这个意义上看，通过案例研究的方式“解剖麻雀”，剖析某一类或某几所大学的治理案例，探究其背后的因果关系、影响机制、普遍规律和经验模式，对于我们深化对大学治理的理性认识具有重要意义。

本书既有针对某一所高校大学治理中权力角色的个案的深入分析，也有针对不同类型高校之间权力分配关系的多案例比较分析，以便于从整体上把握我国大学治理的结构和过程，从而全面评价大学治理的有效性问题。

五 主题分析法

主题分析法（Thematic Analysis）是从资料中识别、分析和形成主题模式报告的一种方法，[②] 该方法的主要任务是通过识别、关联和编码相关词组的方式形成子主题，将子主题收集到信息全面的体系中，并为主题的选择构建一个有效的论证。[③]

---

① ［美］罗伯特·K. 殷：《案例研究方法的应用》，周海涛译，重庆大学出版社 2014 年版，第 4 页。

② Aronson, J., “A Pragmatic View of Thematic Analysis”, *The Qualitative Report*, 1994, pp. 16－18. Retrieved from http://www.nova.edu/ssss/QR/BackIssues/QR2-1/index.html

③ Dickie, C., “Winning the PhD Game: Evocative Playing of Snakes and Ladders”, *The Qualitative Report*, 2011, p. 1233.

作为一种基本的质性研究方法，主题分析较扎根理论更为灵活，研究人员可以在实际操作中调整自己的研究。① 主题分析法与内容分析法在数据收集、方式和主题寻找等方面很相似，二者区别主要在于内容分析法是通过测量不同类别和主题的频率来呈现资料。②

主题分析法应用的主要对象是访谈、叙述等文本性材料。一项关于绩效反馈在护士自我评估所承担角色的研究，利用访谈的原始数据，展示了如何从访谈记录和组织文档中获取数据，进而识别关键主题的过程。③ 该方法也被用作研究管理者对性别平等的认知，以解释领导岗位的性别角色变动缓慢的原因。④ 由于主题分析使研究者能够解释那些在之前的研究中被忽略的主题，因此被用来作为解答“移民学生如何在中学时期获得社会信任”这一问题的分析框架。⑤ 在高等教育领域，主题分析法的应用也并非全然空白。澳大利亚学者迪基（Dickie）尝试用主题分析法深度剖析 48 名全日制博士生的学习生活体验，获得了博士生对研究指导、学习条件、学习机会等的期望信息。⑥

对于有着大量内容的资料而言，主题分析可以有效地总结关键

---

① Hesse-Biber, S. N., *Mixed Methods Research: Merging Theory with Practice*, New York, NY: Guildford Publications, 2010.

② Mojtaba Vaismoradi, Hannele Turunen, Terese Bondas., "Content Analysis and Thematic Analysis: Implications for Conducting a Qualitative Descriptive Study", *Nursing & Health Sciences*, Vol. 15, No. 3, 2013, pp. 398 – 405.

③ Fereday, J., & Muir-Cochrane, E., "Demonstrating Rigor Using Thematic Analysis: Hybrid Approach of Inductive and Deductive Coding and Theme Development", *A International Journal of Qualitative Methods*, Vol. 5, No. 1, 2006, pp. 80 – 92.

④ Fereday, J., & Muir-Cochrane, E., "Demonstrating Rigor Using Thematic Analysis: Hybrid Approach of Inductive and Deductive Coding and Theme Development", *A International Journal of Qualitative Methods*, Vol. 5, No. 1, 2006, pp. 80 – 92.

⑤ Albrecht, S., & Ko, G., "How Do Immigrant Students Develop Social Confdence and Make Friends in Secondary School? A Retrospective Study", *The Qualitative Report*, Vol. 22, No. 9, 2017, pp. 2385 – 2403. Retrieved from htp: //nsuworks. nova. edu/tqr/vol22/iss9/8.

⑥ Dickie, C., "Winning the PhD Game: Evocative Playing of Snakes and Ladders", *The Qualitative Report*, 2011, pp. 1233, 1230 – 1244.

特性，并对资料提供一个深度描述；同时，主题分析法还允许对资料进行社会意义和心理意义上的解读，因此可以用来对巡视反馈文本进行分析。

2008 年，奥克兰大学的布劳恩教授和西英格兰大学的克拉克教授以心理学研究为例详细归纳了主题分析的六大实施步骤，包括熟悉资料、进行初始编码、寻找主题、核查主题、定义并命名主题以及撰写分析报告。① 获益于两位学者的学术贡献，主题分析法得到了清晰的界定，且具有了实践意义和可操作性。同时，两位研究者明确指出：这六个步骤是研究的基本原则，而非规则，应根据问题和材料灵活运用；主题分析不是按部就班的线性过程，而是贯穿研究始终的往复循环。②

本书以 2013—2016 年教育部党组对 39 所直属高校巡视中发现的问题文本为依托，利用主题分析法进行归因分析。巡视反馈中所总结的问题，表明大学无法孤立于社会环境之外，受内外因素的共同影响，大学内部权力在运行中必然表现出失衡、失序、失控等状态。因此，通过巡视反馈的内容，进行主题分析，尽可能真实地还原大学权力运行中存在的问题，从而归纳大学治理有效性的体制与机制保障分析。

① Braun V., Clarke V., "Using Thematic Analysis in Psychology", *Qualitative Research in Psychology* Vol. 3, No. 2, 2006, pp. 77 - 101.

② Braun V., Clarke V., "Using Thematic Analysis in Psychology", *Qualitative Research in Psychology* Vol. 3, No. 2, 2006, p. 86.

第六章 基于社会网络分析的大学治理结构

我们都在关注别人是如何治理的，但是，一种“大家都在使用”的治理结构并不能证明就是“好”的治理结构，更不能保证做出“好”的决策，[①] 不同的外部制度环境，要求建立与之适应的大学治理结构。美国大学是世界大学楷模，美国大学之所有能够超过德国大学，成为世界的一流大学，是因为没有复制德国大学的模式，创造了适合其本土要求的大学。[②] 实践已经证明，西方有效的大学治理模式并不能在我国的大学中发挥应有的作用，制度与文化的差异使我们只能借鉴别人的东西，而不能照搬照抄。[③] 我国大学治理结构的完善，无法复制别人的东西，只能通过中国大学的制度创新来实现，而制度创新的前提就是对自己的深入了解和把握，就是能够定量化地将中国大学的治理结构呈现出来。

对于我国大学的治理结构，以往的研究都用“党委领导、校长负责、教授治学、民主管理、群众监督”来描述，但是这种描述过于模糊，难以呈现出不同类型、不同层次大学治理结构之间的差异。

---

① “Governments and Communities-Where do Academics Fit in?”, Paper presented to Governance and Communities in Edwards Partnership, Conference, Melbourne, Australia, September, 2006.

② 王洪才：《现代大学制度：世纪的话题》，《复旦教育论坛》2011 年第 2 期。

③ 周作宇：《论大学组织冲突》，《教育研究》2012 年第 9 期。

大学治理结构是大学在重大决策中呈现出来的权力配置模式，是由权力类型和权力主体交织而成的权力系统。[①] 因此，我们可以从大学的权力结构来描述大学的治理结构，从研究大学的权力结构入手研究大学的治理结构。

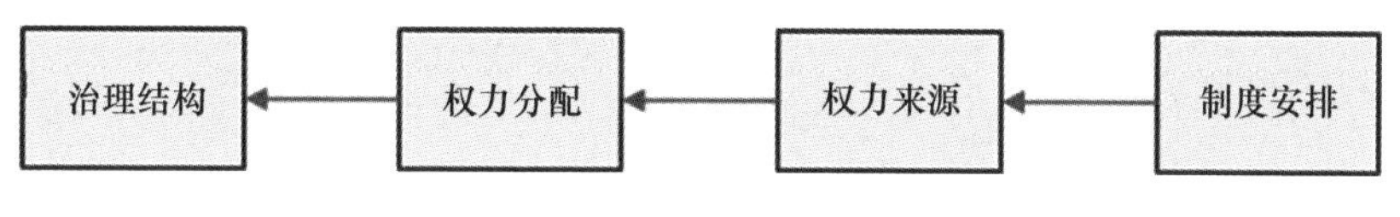

图6－1　治理结构与权力结构

治理结构的核心是权力结构，也就是决策权力在不同利益相关者之间的分配。权力的分配模式来自于历史、文化和社会传统等制度的规范，这其中既包含了正式的制度，也包含了非正式的制度。[②]

对于大学治理结构的研究，需要考虑大学决策所涉及的各个方面。大学的治理结构不是一成不变的，大学在做不同的决策时，其权力配置的结构会有相应的变化，[③] 因此，我们可以从大学决策的类型上区分大学治理的子结构。通过分析子结构中的权力配置的情况，能够准确地掌握大学权力的整体配置模式。

根据我国大学治理的情况，我们征求了一些大学领导的意见，请他们对大学的决策类型进行分类。经过综合评价之后，发现可以将大学的决策分为六个方面，这六个方面也就是大学治理的六个部分，包括：组织治理，学校发展战略和发展目标的确定，学校运行与发展中重大事务的决策等；财政治理，学校中财政经费的筹措和使用决策；人事治理，学校中层行政和学术领导的选拔与任命，重

---

① 刘向东、陈英霞：《大学治理结构剖析》，《中国软科学》2007年第7期。

② 彭红玉：《我国高等教育治理结构的结构功能主义思考》，《辽宁教育研究》2007年第10期。

③ 蒋洪池：《美国大学内部治理中的教师权力探析——以密苏里大学堪萨斯城分校为例》，《高教探索》2010年第5期。

大的人事任命与调整决策；教职治理，教师的招聘、晋升、教师职称的评定标准以及调整的决策；课程设置，学校的学科布局，学科的设置，相关课程建设方面的决策；学生治理，学生入学的标准及其收费标准、学生学业评价标准和毕业方面的决策。本书以某大学的组织治理为例，考察其中的权力分配模式，从而分析组织治理的子权力结构。

第一节 用社会网络分析法测量子权力结构

以往对大学治理和治理结构的研究，仅仅是从大学组织的某一属性的角度来研究，这无疑限制了这些研究的深度和广度。治理首先是一个结构概念，是个体（或组织）之间的关系，仅仅从一个个体（或组织）要素的视角去研究，难以掌握整体的概念和影响，也就无法真正地掌握大学治理结构中各个部分之间的关系。

全面而系统地研究治理结构需要一个全新的视角，而社会网络分析（Social Network Analysis）正好提供这样一个独特的视角，弗里曼（Freeman）认为社会网络分析方法提供了社会属性和过程的正式陈述，一旦这些概念被精确地加以定义，人们就能够从逻辑上对这个世界做出推理。[①] 艾米比亚（Emirbayer）等人认为社会网络理论建立在社会关系的相互关联和互动行为的解释的基础之上，这种从关系视角进行的解释优于从个人属性视角做出的解释。[②] 本书拟从社会网络分析的视角研究大学的治理结构，定量化地呈现出我国大学治理结构的实然状态。

---

① Freeman L. C.，“Turing a Profit from Mathematics：The Case of Social Networks”，*Journal of Mathertical Socialogy*，Vol. 10，1984，pp. 343 – 360.

② Emirbayer，M. and J. Goodwin.，“Network Analysis，Culture，and Problem of Agency”，*American Journal of Sociology*，Vol . 99，1994，pp. 1411 – 1454.

“社会网络”这个词指的是成员及他们之间关系的集合，网络分析设法模拟这些关系来描述一个群体的结构，然后可以研究这一结构对全体运作的影响。我们把关系存在的一般模式称作结构。网络模型可以用来检验关于关系过程或结构的理论。这些理论假定了某种结构的存在，这些结构可以用观测到的网络数据加以评估。[①]“网络”视角有助于人们理解知识与资源从何而来，网络的定量分析方法可以非常具体、形象地对这一过程进行描述，因此说社会网络分析是管理学中的一个全新的视角。[②]

社会网络分析的优势在于它能够揭示出社会系统中的各种不同层次的结构，而这些结构是由存在于具体实体之间的关系模式规则所构成的。社会网络分析方法直接针对社会结构模式的关系本质，该方法甚至超越主流的统计方法。[③]

在网络结构中，不同组织的位置决定了其权力的大小，也导致了成员之间权力的不平等。[④] 从网络取向看，成员之间的权力分化与成员所占据的不同网络位置有很大关系。这是因为，某些有价值和稀缺性的资源，是通过网络途径传递（信息）、借用（资源）甚至转移（权力）的，因此，占据有利位置的成员可以通过控制甚至阻断资源的流程来获取对其他成员的支配权。[⑤] 我们通过分析不同机构（或个人）在网络中的位置，来确定其权力的分配模式。

---

① ［美］斯坦利·沃瑟曼、凯瑟琳·福斯特：《社会网络分析：方法与应用》，陈禹、孙彩虹译，中国人民大学出版社2012年版，第133页。

② 姚小涛、席酉民：《管理研究与社会网络分析》，《现代管理科学》2008年第6期。

③ Wellman，Barry and S. D. Berkow itz（eds.），*Social Structures：A Network Approach. Greenwich*，Connecticut：JAI Press Inc，1988 /1997.

④ P. V. Marsden，“Restricted Access in Networks and Models of Power”，*American Journal of Sociology*，Vol. 88，No. 4，Jan1983，p. 686.

⑤ 李林艳：《社会空间的另一种想象——社会网络分析的结构视野》，《社会学研究》2004年第3期。

第二节　某公办大学的组织治理决策的案例分析

我们选择的某公办大学是一所面向全国招生，以工学为主，涵盖工学、理学、经济学、管理学、文学、法学、艺术七大门类的多科性大学。学校已经建校50多年，起初是部属院校，后来随着高等教育体制改革学校转为省部共建共管，以省管为主。

一　权力网络关系与成员地位

在分析大学治理的子权力结构时，我们主要分析单位包括校级的委员会——校党委和学术委员会；校级领导个人——党委书记、校长、副校长和副书记；机关包括各个处室；16个专业学院和校外机构——省政府、市政府和相关企业。我们以组织治理决策为例来分析其权力结构。利用社会网络问卷，调查了该学校组织治理中的网络关系，用社会网络分析软件UCINET进行分析，得出了图6－2的组织治理中的权力网络关系图中显示了在组织治理中大学的委员会、校级领导、机关和专业学院在组织治理决策中的网络关系。

为了确定成员在网络关系中的地位，需要计算网络中各个成员的中心性。中心性是最常用来衡量谁在这个团体中成为最主要的中心人物的指标。这样的成员在社会学的意义上，就是最有社会地位的成员，在组织行为学上，则是最有权力的成员。拥有高程度中心性的成员，在这个团体中也具有主要的地位。

在具有方向性的图中，成员的程度中心性分为入度中心性和出度

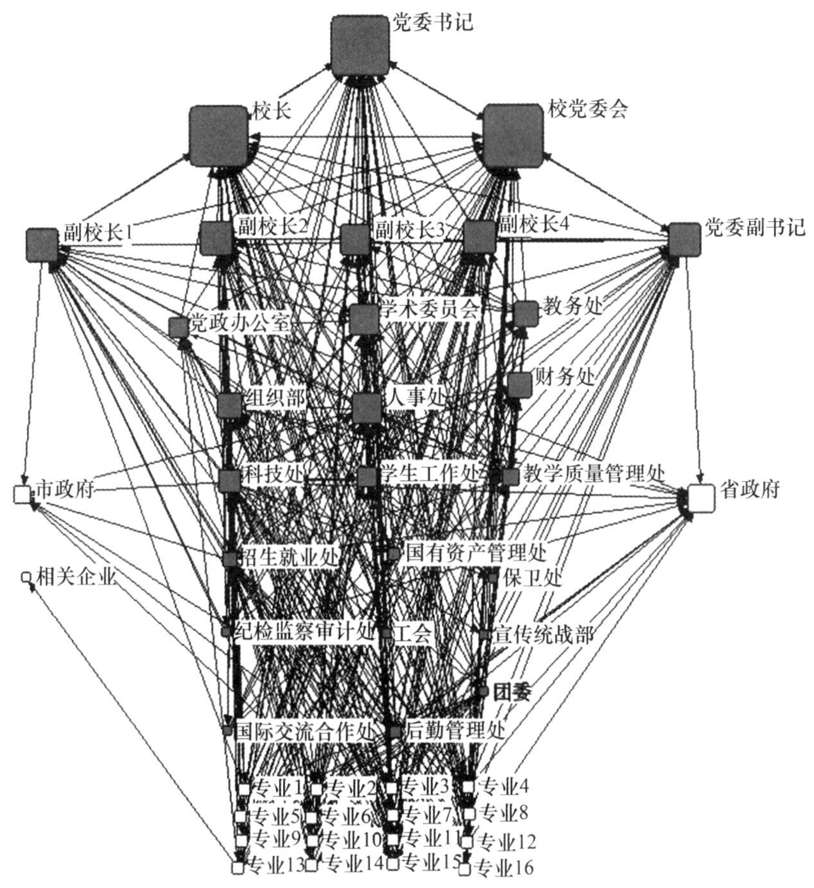

图 6－2　某公办大学的组织治理的权力网络关系

中心性。入度中心性是其他成员承认对某成员有关系的数量总和。[①]

其标准化公式为：$C_{DI}=\dfrac{d_I\ (n_i)}{g-1}$　　(1)

其中，C_{DI}代表有方向性关系中的入度中心度，$d_I\ (n_i)$ 为邻接至 n_i 的成员数，g 是该网络中的总成员数。

① ［美］斯坦利·沃瑟曼、凯瑟琳·福斯特：《社会网络分析：方法与应用》，陈禹、孙彩虹译，中国人民大学出版社 2012 年版，第 283 页。

在社会网络中，出度是扩张性的测度，而入度是接受性或受欢迎性的测度。所以我们用入度中心度来测量本网络中的中心性，从而反映这个成员在组织中的地位。

表 6 - 1　　某公办大学组织治理的入度中心度

排名	成员名称	入度中心性	排名	成员名称	入度中心性
1	校党委会	84.091	24	专业 11	2.273
2	党委书记	79.545	25	专业 15	2.273
3	校长	79.545	26	专业 4	2.273
4	党委副书记	40.909	27	专业 9	2.273
5	副校长 4	40.909	28	专业 14	2.273
6	副校长 2	40.909	29	专业 8	2.273
7	副校长 1	38.636	30	专业 13	2.273
8	学术委员会	36.364	31	专业 7	2.273
9	人事处	34.091	32	专业 16	2.273
10	副校长 3	34.091	33	专业 6	2.273
11	省政府	31.818	34	专业 1	2.273
12	教务处	27.273	35	专业 12	2.273
13	财务处	27.273	36	专业 5	2.273
14	组织部	27.273	37	专业 10	2.273
15	科技处	22.727	38	专业 2	2.273
16	学生工作处	18.182	39	保卫处	2.273
17	党政办公室	18.182	40	纪检监察审计处	2.273
18	教学质量管理处	15.909	41	国际交流合作处	2.273
19	市政府	15.909	42	工会	2.273
20	招生就业处	11.364	43	统战宣传部	2.273
21	后勤管理处	4.545	44	团委	2.273
22	国有资产管理处	4.545	45	相关企业	2.273
23	专业 3	2.273			

注：专业 1—16 表示 16 所专业学院。

从表6-1中可以看出，在组织治理中，校党委会（84.091）、党委书记（79.545）和校长（79.545）的入度中心度是最高的，明显高于其他的校级领导和各个部门。因此，校党委、党委书记和校长具有最重要的地位；校党委副书记和3个副校长的入度中心度也较高（40.909—38.636），具有较高的地位。学术委员会的入度中心度一般（36.364），具有一定的地位。省政府的入度中心度（31.818）明显高于市政府的入度中心度（15.909），都具有一定的地位。机关处室中专业处室的入度中心度高于非专业处室的入度中心度，前者具有一定地位，后者地位很低。16个专业学院和相关企业的入度中心度很低，地位很低。

二　对权力网络关系图的简化

由于图6-2的网络关系过于复杂，难以从图中获得清晰而有价值的关系信息，因而，我们可以将地位相同的机构（或个人）合并在一起，这样得到的信息就比较简洁明确。我们首先是将地位相同者进行合并，在社会网络分析中被形象地定义为“分块”。按照不同的数学方法，将治理结构进行不同的分块，对于简化之后的权力网络关系图，可以分析各个块的地位和角色，从而非常直观地显示出子权力的结构。目前网络结构的简化方法众多，可以利用结构等价和块模型，[①] 结构等价中有欧几里得距离法[②]、相关系数法，块模型中常用的有阿基米德算法、Concor算法，但是，以上的简化方法都不太适合对于治理结构的简化。

经过我们的实验，Rege分块最适用于将治理结构进行简化，Rege分块是利用UCINET中的Rege程序来对成员群的正则等价性进行

① Burt, R. S., “Positions in Networks”, *Social Forces*, Vol. 55, 1976, pp. 93-122.

② Burt, R. S., “Social Contagion and Innovation: Cohesion Versus Structural Equivalence”, *American Journal of Sociology*, Vol. 92, 1987, pp. 1287-1335.

测度，[①] 正则等价性没有要求成员到同样的其他成员之间有完全相同的联系，也没有要求他们在结构上无差别。简要地说，正则等价的成员与等价的成员之间发出和接收的联系完全相同。例如，教师都要给学生上课，所以他们有相同的地位，尽管他们是给不同的学生上课，而且属于不同学院和不同专业，但是他们的地位是相同的。

利用正则等价的 Rege 分块方法，可以将案例大学组织治理中不同的成员进行分块，结果见表 6－2。

表 6－2　　**某公办大学组织治理的分块**

分块	机构或者个人
P1	党委书记、校长、校党委会
P2	副校长 1、副校长 2、副校长 3、副校长 4、党政办公室、组织部、国有资产管理处、学生工作处、教务处、统战宣传部
P3	党委副书记、学术委员会、教学质量管理处、国际交流合作处、科技处、招生就业处、人事处、财务处
P4	专业 1 至 16
P5	纪检监察审计处、后勤管理处、工会、团委、保卫处
P6	省政府、市政府、相关企业

从组织治理的分块表可以看出，校党委会、党委书记和校长被分到了一块，记为 P1；P2 和 P3 包含了几位副校长、党委副书记和机关的主要业务处室；P4 和 P5 包含了学校中的 16 个专业学院和学校的非业务处室；P6 是大学的外围部门，这些机构是大学主要联系的社会机构。

---

① White, D. R. , and Reitz, K. P. , "Re-thinking the Role Concept: Homomorphisms on Social Networks", In Freeman, L. C. , White, D. R. , and Romney, A. K. , eds. *Research Methods in Social Network Analysis*, Fairfax, VA: George Mason University Press, 1989, pp. 429－488.

三　块之间的关系图

我们已经将组织治理中的网络关系结构进行了分块，但是还需要了解各个块之间的关系。归纳块之间关系的一个非常有用的方法就是密度表，或者叫密度矩阵。密度表是一个以块而不是以个体的成员为行和列的矩阵。矩阵的值是从行块中的成员到列块中的成员的联系所占的比例。

表6-3　　某公办大学组织治理的分块之间的密度

	P1	P2	P3	P4	P5	P6
P1	0.8889	0	0.0833	0	0	0
P2	1	0.12	0.1125	0	0	0.1
P3	0.6667	0.4375	0.5156	0	0.15	0.2917
P4	0.875	0.2875	0.2578	0	0	0.1875
P5	0.8667	0.36	0.25	0.2	0	0.2
P6	0	0	0	0	0	0

通常我们倾向于用简洁的方法来归纳块之间的关系。映像矩阵就是一个归纳块之间和块内部联系的方法，其中每一对块之间的关系要么存在，要么不存在。构造一个映像矩阵通常使用 α 密度规则，这个规则规定，设整体决策密度值为临界值 α，如果一个块的成员到另一个块的成员的联系密度大于或者等于整体密度 α，那么两个块之间的关系就存在，记为1；否则两个块之间的关系就不存在，记为0。在本案例中，大学组织治理的整体决策密度为0.1733，根据 α 密度规则，可以得出以下大学组织治理分块之后的映像矩阵。

表 6－4　　大学组织治理分块之后的映像矩阵

1	0	0	0	0	0
1	0	0	0	0	0
1	1	1	0	0	1
1	1	1	0	0	1
1	1	1	1	0	1
0	0	0	0	0	0

根据映像矩阵，可以得到治理网络的在分块之后的关系图，从图 6－3 中可以清晰地看出各个块之间的联系方式是什么，在治理中谁是信息的发出者、谁是信息的接收者。

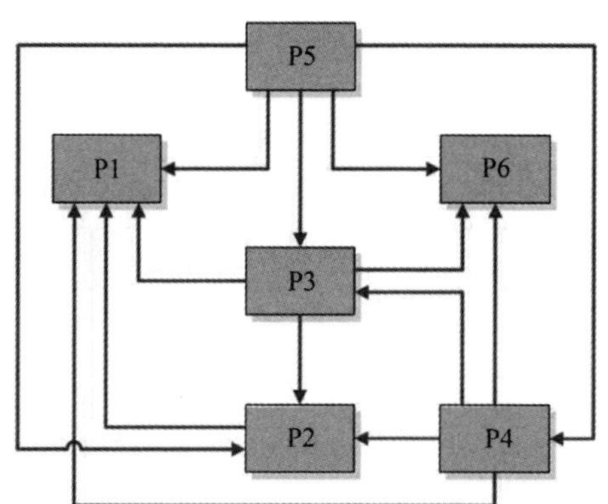

图 6－3　大学组织治理分块之后的关系

四　治理结构中成员的角色

林顿（Linton）将角色定义为："当一个人将组成他身份的权利和义务付诸实现时，他就在扮演一个角色。"① 由于地位建立在成员子集之间联系的相似性上，而不是建立在机构（或个人）之间的联

① Linton，R.，*The Study of Man*，New York：D. Appleton-Century，1936.

系上，因而，占有相同地位的成员，彼此之间不需要有直接或者间接的关系。举例来说，不同的教师都占有“教师”这个地位是由于他们和学生有着类似的关系，即使他们彼此之间不认识，但是地位却是一样的。

我们将大学组织治理中各个机构（或个人）进行分块之后，在每一个块中的机构（或个人）处于相同的地位，但是需要回答每一个块在整个大学的组织治理中起到了什么作用，也就是每一块在大学的组织治理中扮演了什么样的角色。

对于整个治理结构中各个块所扮演的角色，按照林顿对于角色的定义，角色是块之间或成员之间获得关系的模式。所以确定一个结构中的角色需要分析各个机构（或个人）之间的关系，也就是联系。

映像矩阵表示了块之间是否具有联系，但是块模型之间的联系方式还不清楚，块内部的联系方式我们也是不清楚，因此有必要对块模型进行分析和解释。块模型的分析和解释方法是描述个别地位之间是怎么样彼此联系的。这就要求考察块模型中地位如何发出和接收联系。①

伯特（Burt）提出了一种块分类的规则：既考虑接收联系是否主要发生在块内，又考虑联系是否指向其他块的成员。这样的区分导致了四种联系类型：孤立者——既不发出太多联系也不从别的块引入太多联系；谄媚者——传给其他块成员的联系多于块内部的联系，而且不接收太多的联系；经纪人——既接收又发出联系给其他块成员；初级地位——既接收从其他块成员发出的联系，又接收自己成员的联系。

---

① Marsden, P. V., “Methods for the Characterization of Role Structures in Network Ananlysis”, in Freman, L. C., White, D. R., and Romney, A. K., eds. *Research Methods in Social Network Analysis*, Fairfax, VA: George Mason University Press, 1989, pp. 489 – 530.

在确定块的角色时，首先要判定块成员的联系主要发生在块内还是块外，我们首先要确定某一个块成员的标准块内与块外联系比例，然后用实际的块内与块外联系比例与标准相比，确定块成员的联系是主要发生在块内还是块外。

通过社会网络分析，结果显示 P1、P2 和 P3 都是初级地位，也就是说这三块在整个网络图中都在具有重要的地位，但是与 P2 和 P3 相比，P1 的块的接收联系的比例是最大的，而且在所有的块中，P1 只有接收的联系，而没有发出的联系，这就表示在大学的组织治理中，P1 的地位是最高，说明在组织治理中，它不用求助于任何其他的组织或者个人，因此我们将它重新命名为“重要地位”。

另外，P1 和 P3 的块外的联系比例都小于块内的联系比例，这说明这两个块的内部联系都大于外部联系，我们称为自反模式，在图形中用⌒来表示。

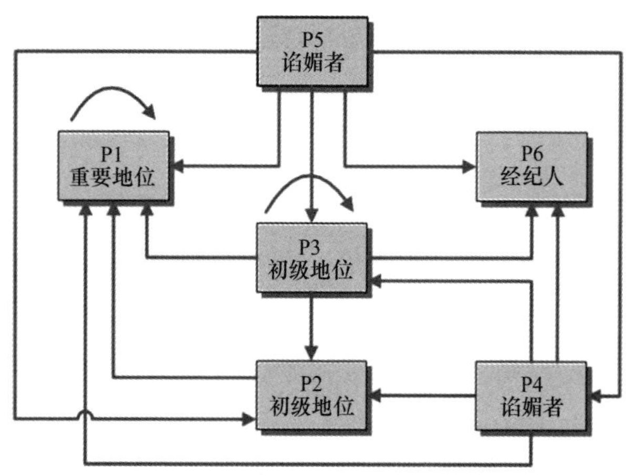

图 6 - 4　大学组织治理分块之后的块角色

图 6 - 4 显示了案例大学组织治理分块之后的块角色，在这个图中可以清晰地反映出该大学在组织治理中，扮演最重要角色的是处

于“重要地位”的 P1 部分，扮演次要角色的是“初级地位”的 P2 和 P3 部分，扮演不重要角色的是 P4 和 P5 部分，这两个部分对于该大学的组织治理几乎没有作用，扮演中间人角色的是 P6 部分，这部分对于该大学的组织治理有一定的作用。

第三节　研究结论与展望

借助社会网络分析的方法，以一所公办本科高校为例，分析了其大学组织治理中的各个机构（或个人）在治理中的地位和角色情况。在该所大学的组织治理中，地位最高、扮演着重要角色的是大学的党委、党委书记和校长；地位比较重要的、扮演着次要角色的是 4 位副校长、党委副书记和机关的主要业务处；地位不重要、扮演不重要的角色的是 16 个专业学院和机关的非业务处室；有一定的地位、扮演了一定的角色的是省市政府和与大学相关的企业。

从各个块之间的关系来看，校党委、校党委书记和校长在学校的组织治理中起到了绝对重要的作用。但是，研究结果也表明其他校领导和机关处室、专业学院的参与组织治理的程度不够，在组织治理中，对于校外的有关部门的重视程度也不够。总体上看，学校在组织治理中没有给校内外各个方面积极参与的机会。另外，校学术委员会和专业学院在组织治理中的地位较低，扮演着不重要的角色。

通过社会网络分析，我们初步尝试着用实证化的方法来分析大学治理的结构。进一步，可以在一所大学中对其组织治理、财政治理、人事治理、教职治理、课程治理和学生治理进行横向的比较，以便综合地把握大学治理结构的模式。另外，可以对不同类型、不同层次的大学的治理结构之间进行横向比较，以便把握不同类型、不同层次大学治理结构的特点。

采用社会网络分析的方法来分析大学的治理结构，可以比较清晰地呈现治理的结构，但是这种结果还是一种描述性的，进一步的研究还可以检验这些趋势在统计上是否是显著的，还可以利用随机块模型和单关系网络的统计方法以及多重关系网络进行二元选择概率的统计检验。

总之，社会网络分析的方法为我们认识大学治理的结构提供了有效的方法，社会网络分析能够利用社会地位和社会角色的概念将大学治理中的机构（或个人）在治理中所处的地位和所扮演的角色清晰地表现出来。还可以从提高大学绩效的角度，对现有的治理结构进行改善，创建适应中国国情的大学治理结构，使我们的高等教育健康持续地发展。

第七章　大学内部权力结构和决策角色分析

大学权力是为了保证大学的功能实现，对大学实现合法治理的一种力量。[①] 大学的权力结构则是指大学内部权力主体决策权力的分配及其活动方式，其权力结构是高校微观管理的核心。[②] 以往学者们透过诸多视角对大学的权力结构进行了研究：从决策权力生成机理的视角，研究我国大学权力的基本表征；从决策权力合理配置的视角，提出党委领导、校长负责、教授治学、共同参与等几大要素构成的大学内部组织结构关系；在场域视野中研究我国大学的宏观和微观权力结构，以期使我国大学按其自身的特定逻辑形成良性的权力运行和耦合机制；[③] 从特定利益相关者的角度，探讨在行政主导的条件下相对弱势群体的权力缺失现象[④]和边缘化状态[⑤]；从比较研究的视角，通过对西方大学权力模式的运演及特色分析等方面进行比较研究，[⑥] 借鉴他国优秀经验。这些研究涵盖了大学权力结构的各个

---

① 柯文进：《现代大学权力运行机制研究》，《中国高等教育》2006 年第 22 期。

② 方婷、黄小忠：《我国大学权力结构中学生权力缺失现象的思考》，《教育科学》2006 年第 6 期。

③ 王晓辉：《场域视野中大学权力结构的失调与调试》，《现代教育管理》2013 年第 3 期。

④ 方婷、黄小忠：《我国大学权力结构中学生权力缺失现象的思考》，《教育科学》2006 年第 6 期。

⑤ 欧阳霞：《大学学科权力配置探析》，《高教探索》2011 年第 2 期。

⑥ 杨天平、王超：《西方大学权力模式的运演及其特色》，《教育研究》2012 年第 5 期。

方面，为完善大学治理结构，推进现代大学制度的建设做出了贡献。但这些研究呈现出多思辨性质的探讨、少实证化的研究，多应然状态的论述、少实然状态的分析，多普遍意义上的治理结构概述、少具体治理结构分析的特点。

在社会网络结构中，不同组织的所处位置决定了其权力的大小，也导致了成员之间权力的不平等。① 从网络取向看，成员之间的权力分化与成员所占据的不同网络位置有很大关系。因为某些有价值和稀缺性的资源，是通过网络途径传递（信息）、借用（资源）甚至转移（权力）的，因此，占据有利位置的成员可以通过控制甚至阻断资源的流程来获取对其他成员的支配权。② 我们通过问卷分析，梳理和呈现大学的行动者在重大决策中的关系与位置，从而反映出大学在制定重大决策时的权力结构。③

本章分别选取一所本科大学、高职学院和民办高职学院作为样本。三所学校均为全日制普通高等院校，纵向上涵盖了本科和高职两种不同的办学层次，横向上包含了公办和民办两种不同的办学主体，且样本学校在空间上均地处同一省份的临近城市，具有相似的政治、经济和文化环境，也使分析结果更具可比性。

本章所选研究单元为高等学校内外部具有决策权力的个人和组织。能够在大学重大决策中起到作用的主要有领导层、职能部门、教学部门和外部机构四部分。其中，领导层包括校党委会（董事会）、党委书记、校长、副校长等校领导班子成员；职能部门包括人事处、财务处、教务处、科研处、后勤处、保卫处等；教学部门主要包括各院系专业；外部机构主要包括教育厅、市政府和相关企业

---

① P. V. Marsden, "Restricted Access in Networks and Models of Power", *American Journal of Sociology*, Vol. 88, No. 4, Jan 1983, p. 686.

② 李林艳：《社会空间的另一种想象——社会网络分析的结构视野》，《社会学研究》2004 年第 3 期。

③ 姜华、徐琪：《基于社会网络分析的大学治理结构研究》，《高教探索》2014 年第 4 期。

等。研究中我们要求被调查者对学校重大决策的主要制定主体、本人（部门）参与决策情况、与其他人（部门）工作联系情况、其他人（部门）参与决策的情况进行问卷填写。通过对回收问卷进行分析，得出三所大学的内部权力结构和决策角色。

第一节　大学治理的权力结构分析

社会网络分析（以下简称 SNA）可采取多种视角来对结构进行分析，本节将对样本学校进行权力层级状态图分析、集权程度分析和权力大小分析。

一　权力层级状态图分析

以往研究多将大学内部权力划分为学术权力和行政权力，但有学者认为，当行政机构（人员）被授权管理学术事务时，他就获得了学术管理权力，即学术人员，行政机构（人员）构成了学术权力的主体。[①] 研究不对校内各部门或个人进行分类，而是利用 SNA 软件 UCINET 6.0，将全部节点间的联系情况绘制成网络图。通过输入问卷数据，软件将依据主成分布局（Principal Components Layout）法生成层级状态图，清晰呈现出各节点所处的位置及所控权力大小：相近位置的节点发出或接收联系的情况较为相似，越是处在上层的、图标面积大的节点，其权力越大、与组织的关系越紧密；越是处在下层的、图标面积小的节点，其权力越小，与组织关系越疏远。为了使权力结构更加清晰，以下图中省略部分参与组织治理程度最低的节点，仅保留参与决策程度较高或代表某一类机构的部分节点。

某本科大学多数关系连接线发生在领导层内部，其中校党委会、

---

① 许志红：《试析大学权力结构的重组》，《黑龙江高教研究》2005 年第 6 期。

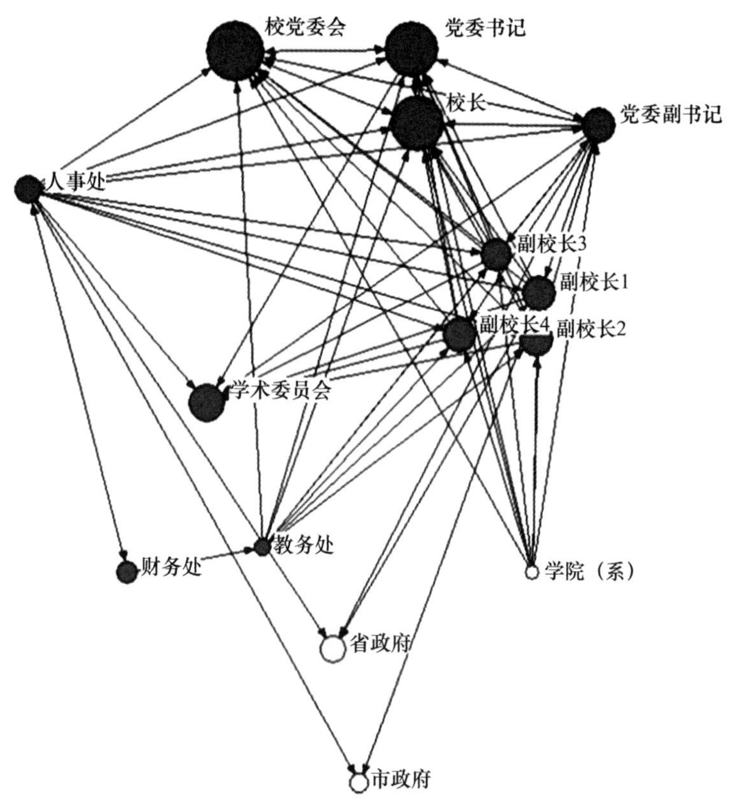

图 7－1　某本科大学的层次状态

党委书记、校长和党委副书记的节点面积最大，掌握了主要决策权，四位副校长面积较小，但仍大于多数其他校内职能部门。行政部门间的层级关系并不十分分明，个别职能部门（人事处）在图中的水平位置上靠近图片顶端，说明其在组织中地位较高，接近校长等校领导；学术委员会的节点位置靠近副校长，节点面积大于部分副校长。

某高职学院在制定组织治理决策时，既有发出又有反馈的双向联系往来大都发生在领导层成员内部，且联系紧密，连接线分布密

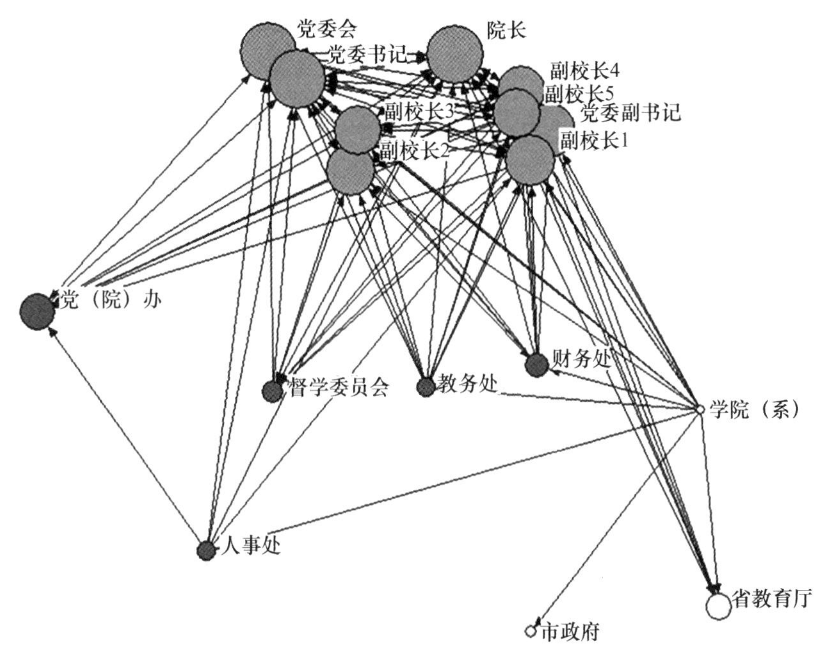

图7－2　某高职学院的层次状态

集。其他节点主要向外发出联系请求，较少接收联系请求或收到反馈。领导层节点与其他校内外部门节点间距离较远，呈现出较为明显的层级状态。其中，党委会、党委书记和两名副校长距离较近形成一组，院长、党委副书记和其余三名副校长是另一组，但目前尚难以确定各组成员的地位高低。处在状态图最底层的省教育厅，节点面积相对较大，证明其对组织影响较大，但与该校关系疏远。

某民办高职学院的节点面积大小呈现出明显的两极分化状态，校领导节点面积最大，其余部门节点面积极小且距离较远。但该校各节点间的连接线分布平均，并大多呈现出既发出又反馈的双向连接关系，可以推测出该校一方面具有较强的等级关系；另一方面多数组织成员也能够参与组织决策中，是较为民主的决策机构。

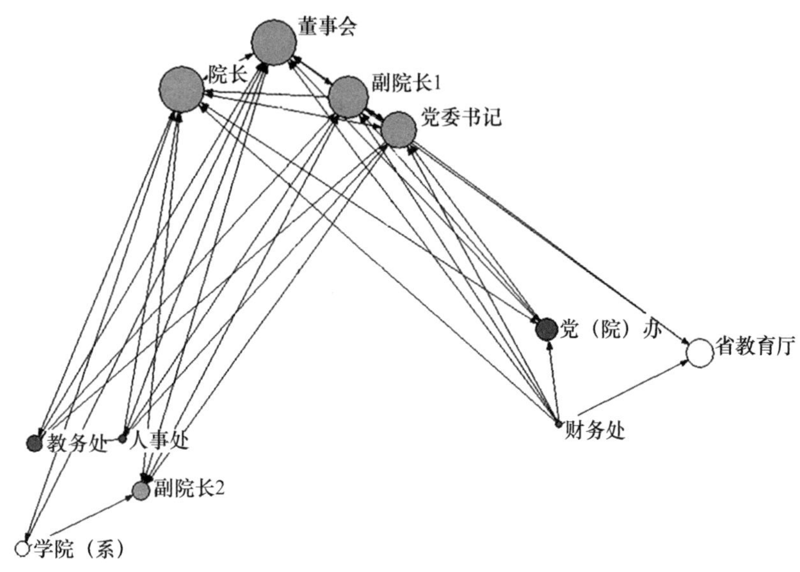

图 7－3　某民办高职学院的层次状态

二　集权程度分析

集权是指决策权在组织系统中较高层次的一定程度的集中，SNA 通过密度指标来反映组织决策权力的集中程度。密度指标是指组织内各节点间实际存在的联系数与可能存在的最大联系数的比例。网络密度用 Δ 表示，假设网络中共有 g 个行动者，那么在有方向性的网络中包含的关系总数在理论上的最大可能值就是 $g(g-1)$，假设网络中包含的实际关系总数为 L，网络密度公式①如下：

$$\Delta = \frac{L}{g(g-1)} \tag{1}$$

通常情况下，密度越高，组织内部节点间联系越密切，制定决策的过程中存在较多的相互沟通现象，相对民主；密度越低，节点

① ［美］斯坦利·沃瑟曼、凯瑟琳·福斯特：《社会网络分析：方法与应用》，陈禹、孙彩虹译，中国人民大学出版社 2012 年版，第 133、283、299 页。

间联系越少，仅由个别节点制定决策，较少的考虑其他节点的意见，相对集权。就样本数据而言，高职院校集权程度最高，民办高职学院民主程度相对较高。

表7-1　　样本学校的组织密度

	某本科大学	某高职学院	某民办高职学院
密度值	0.2425	0.197	0.2474

但仅依靠密度指标衡量组织的集权程度是不够严谨的。因为在高密度组织中，可能存在个别小团体内部联系紧密，但与其他个体联系松散的现象。这样会导致组织的平均密度值较高，但实质上决策权仅由个别小团体把持，并不是真正意义上的分权组织。因此，还需要结合中心性指标和角色分析来一同衡量组织的治理结构。

三　权力大小分析

在衡量大学组织的权力结构时，主要任务之一就是识别组织中各部门或个人的所控权力大小，SNA 的中心性分析可以完成这个任务。中心性指标主要用于衡量哪些节点在团体中可成为最主要的中心人物。这样的成员在社会学的意义上，就是组织中最有社会地位的成员；在组织行为学上，则是组织中最有权力的成员。拥有高程度中心性的成员，在这个团体中也占据重要地位。本研究利用中心性指标分析负责制定组织治理决策的个体，即衡量其在决策过程中的权力大小。

网络中有多少个节点，就有多少个中心性数据。节点的程度中心性分为入度中心性和出度中心性。出度是扩张性的测度，而入度是接受性或受欢迎性的测度。所以我们用入度中心度来测量本网络的中心性，即其他节点承认对某一节点有关系的数量总和，从而反映各成员在组织中的地位。其标准化公式为：

$$C_{DI}=\frac{d_I\ (n_i)}{g-1} \tag{2}$$

其中，d_I（n_i）为邻接至 n_i 的节点数，g 是该网络中的总人数。

根据前述公式可知，中心性数值在很大程度上受到网络中节点总数的影响。节点多的组织中，地位较低的个体也可能拥有数值较高的中心性。因此，初次计算的结果并不适于不同组织间的直接对比。表 7－2 呈现的数据为经过二次标准化处理以后的数据，样本间可进行横向对比。为节约篇幅且使主要决策部门或个人的所控权力大小更加清晰，表中将省略部分中心性数值较低的节点，仅保留中心性数值较高或代表某一类机构的部分节点。

表 7－2 **样本学校的中心性数据**

排名	某本科大学		某高职学院		某民办高职学院	
	节点名称	中心性	节点名称	中心性	节点名称	中心性
1	校党委会	82.75	党委会	90.32	董事会	84.21
2	党委书记	75.86	院长	90.32	院长	84.21
3	校长	75.86	党委书记	90.32	副院长 1	73.68
4	学术委员会	44.82	党委副书记	80.64	党委书记	63.15
5	党委副书记	41.37	副校长 2	74.41	省教育厅	47.36
6	副校长 1	41.37	副校长 1	74.41	党（院）办	31.57
7	副校长 4	41.37	副校长 5	74.19	副院长 2	26.31
8	副校长 2	41.37	副校长 4	74.19	教务处	21.05
9	副校长 3	37.93	副校长 3	74.19	系（学院）	15.78
10	人事处	27.58	党（院）办	48.38	市政府	10.52
11	省教育厅	27.58	省教育厅	32.25	人事处	5.26
12	财务处	20.69	财务处	29.03	财务处	0

续表

排名	某本科大学		某高职学院		某民办高职学院	
	节点名称	中心性	节点名称	中心性	节点名称	中心性
13	市政府	17.24	督学委员会	22.58		
14	教务处	13.79	教务处	19.35		
15	学院（系）	10.34	人事处	19.35		
16			市政府	3.22		
17			系（学院）	0		

由表7－2可知，本科大学校领导的权力均低于两所高职院校，副校长与职能部门权力接近。职能部门的权力（以人事处为例）相较其他两所学校明显较高。教学部门的权力高于高职院校，但低于民办高职院校。省教育厅对该校的影响力远小于高职院校，市政府的影响力则大于高职院校。本科学校各部门或个人的权力大小呈现出从高到低的缓慢递减趋势，职能部门的权力大于教学部门。

高职院校的领导层权力最大，明显高于其他部门。职能部门权力普遍偏低，小于本科院校，但高于民办高职院校。教学部门对组织的重大治理决策没有影响，是三所样本学校中的最低值。省教育厅的权力是三所学校中最大的，市政府的权力则最小。高职院校的权力大小两极分化极为严重，领导层把持主要决策权，其他职能部门所掌握的权力甚微。

民办高职院校的校领导所控权力介于本科院校和高职院校之间，党委书记掌握的权力远小于校长，负责行政事务的副校长所控权力较小。该校教学部门及教务处的权力是三所学校中最大的，其他职能部门的权力则是最小的。省教育厅的权力极大，甚至接近党委书记。民办高职院校各部门或个人的所控权力大小也呈现出从高到低的缓慢递减趋势，但行政部门权力远小于教学相关部门。

第二节　大学治理过程中决策角色分析

社会网络中存在诸多行动者，仅分析出每个个体的权力大小不足以勾画出整个网络的权力结构。上节的分析虽已给出了校内各部门所控权力大小的递减排序和初步分组情况，但此时图中节点众多，分组笼统，难以从中获得关于组织治理结构的直观印象，且尚不明确各个部门在制定决策的过程中发挥了何种作用、扮演何种角色。具有相同职能的个人或部门在不同的组织中发挥的作用或许各不相同，这就需要对各节点进行角色分析。

林顿曾指出，当一个人“将组成他身份的权利和义务付诸实现时，他就在扮演一个角色”。[①] 社会角色的定义在概念、理论和形式上都取决于社会地位的定义。SNA 中，地位是指以相同方式嵌入网络关系中的个体集合，而角色是指地位之间或者行动者之间获得关系的模式。地位的概念因而是指一个行动者集合，这些行动者与其他地位上的行动者有着相似的社会行为、联系或互动。网络中，处在相同地位的个体，扮演了相同的角色。同一个地位的行动者，因其所处的地位而有权力对其他地位的行动者发出命令、请求、咨询或建议。本节中，角色分析的主要目标就是简化网络数据集中的信息，将复杂的社会网络数据用简单的形式表现出来，揭示包含在关系网络中相似的行动者。经过角色分析后，可以获得每个组织成员在治理活动中的所处地位及所扮演角色，进而可以对相同职能的部门在不同类型高校的治理结构中所发挥的作用进行对比。

---

① Ralph Linton, *The Study of Man*: *An Introduction*, New York: D. Appleton-Century Co., 1936.

一　节点分块情况

第一步，需要对组织内的各节点进行分组，进而判断各组在决策中所扮演的角色。REGE 程序通过分析组织内各节点发出和接收联系的相似程度，可以将节点划分成不同小组，SNA 将其称之为“块”。同一块内的节点地位相同，意味着它们拥有相似的行为、联系或互动。表 7－3 至表 7－5 分别为三所样本学校的节点分块情况。

表 7－3　　**某本科大学分块情况**

分块	机构或个人
P1	校党委会、党委书记、校长、党委副书记、人事处
P2	副校长 1、副校长 2、副校长 3、副校长 4、党政办公室、组织部、统战宣传部、学术委员会、省教育厅、市政府
P3	教学质量管理处、国际交流合作处、科技处、招生就业处、财务处
P4	国有资产管理处、工会、后勤管理处、团委、纪检监察处、保卫处
P5	学生处、教务处、学院（系）
P6	相关企业

表 7－4　　**某高职学院分块情况**

分块	机构或个人
P1	院长、党委副书记、副校长 1、副校长 4、副校长 5 、省教育厅
P2	党委会、党委书记、副校长 2、副校长 3
P3	党（院）办、财务处、督学委员会、组织部、纪检监察处
P4	统战宣传部、教育教学研究所、学生处、后勤处、人事处、教务处、招生处、基建办、科研处
P5	团委、信访办、工会、保卫处、信息中心、学院（系）
P6	相关企业、市政府

表 7－5 某民办高职学院分块情况

分块	机构或个人
P1	董事会、院长、党委书记、副校长 1、省教育厅
P2	副校长 2、人事处、学生处、招生处、就业处、资产处
P3	国际合作处、团委、财务处、后勤处
P4	教务处、党（院）办、学院（系）
P5	相关企业、市政府

各样本学校的 P1 分块主要由中心性最高的领导层成员构成；P2 分块涵盖了其他领导层成员和部分较重要的职能部门；P3、P4 分块主要由其余职能部门构成；P5 多为教学机构；P6 为外部机构。但由表 7－5 可见，即使是同类型的节点，所属分块也是各不相同的。

二 角色判断

第二步，需要判断各分块在组织中所扮演的角色。伯特将组织中的节点划分至四类地位，分别是初级地位（既接收从其他地位成员发出的联系，又接收自己块内成员的联系）、经纪人（既接收又发出联系给其他地位的成员）、谄媚者（发送给其他地位成员的联系多于内部的联系，而且不接收太多联系）和孤立者（既不发出也不引入太多联系）。[①] 进行角色判断需要首先计算密度表，算出各块的块内联系密度及与其他块间联系密度。接着，依据密度表绘制映像矩阵，由映像矩阵确定各块的块内和块间联系情况。最后依据以上信息考察各块的拓扑性质，进行角色定位。拓扑性质基于块是否接收联系、块内的标准联系比例与实际联系比例的大小、块接收联系比例这三类数据，分析后得出各块地位归属。研究发现，各样本学校

① R. S. Burt, "Social Contagion and Innovation: Cohesion Versus Structural Equivalence", *American Journal of Sociology*, Vol. 92, No. 6, May1987, pp. 1287－1335.

都存在这样一种分块，其他所有分块都向此块发出联系请求，此块仅向个别其他块发出联系。表示在组织中，该块的地位最高，因此本研究将其重新命名为“重要地位”。

为了节约篇幅，文中省略了计算过程，仅呈现样本学校拓扑性质的计算结果，详见表7－6。

表7－6　样本学校的角色划分情况

	P1	P2	P3	P4	P5	P6
某本科大学	重要地位	初级地位	谄媚者	谄媚者	经纪人	孤立者
某高职学院	重要地位	重要地位	经纪人	谄媚者	谄媚者	孤立者
某民办高职学院	重要地位	经纪人	谄媚者	经纪人	经纪人	

由表7－6可知，本科大学的所有节点可被划分为五类角色，高职学院可被划分成为四类角色，民办学院被划分为三类角色。

三　决策角色图

第三步，根据上述信息，绘制出了角色图（图7－4、图7－5、图7－6）。图中，每个块的节点都包含在一个方形中，每个方形都代表了一种角色，同一地位内的节点扮演相同角色。箭头的起点代表联系的发出者，指向方代表联系的接收者，弧形箭头代表自反联系，即该角色的成员发出的联系是指向块内成员。

由图7－4可见，某本科大学呈现出水滴形结构，治理结构较为复杂，内外部部门和机构共被划分为地位从高到低的五种角色，决策权力最大程度集中在党委会、校长和党委书记处。结合中心性数据可知，该校行政部门地位高于学术相关部门：重要地位中，除校领导外仅包含了行政部门的人事处；初级地位中，包含三个行政部门和一个学术相关部门。虽然学术委员会的中心性数值高于全部副校长，但是学术相关部门在治理决策权力中整体所占比重相对低于行政部门。校领导者在制定决策时，需考虑外部机构的意见，尤其是省教育厅较为重要。教学事务相关的教学机构、教务处和学生处扮演了经纪人的角色，多数校内部门扮演了地位不重要的谄媚者角色，仅单方面向上级发送联系请求。

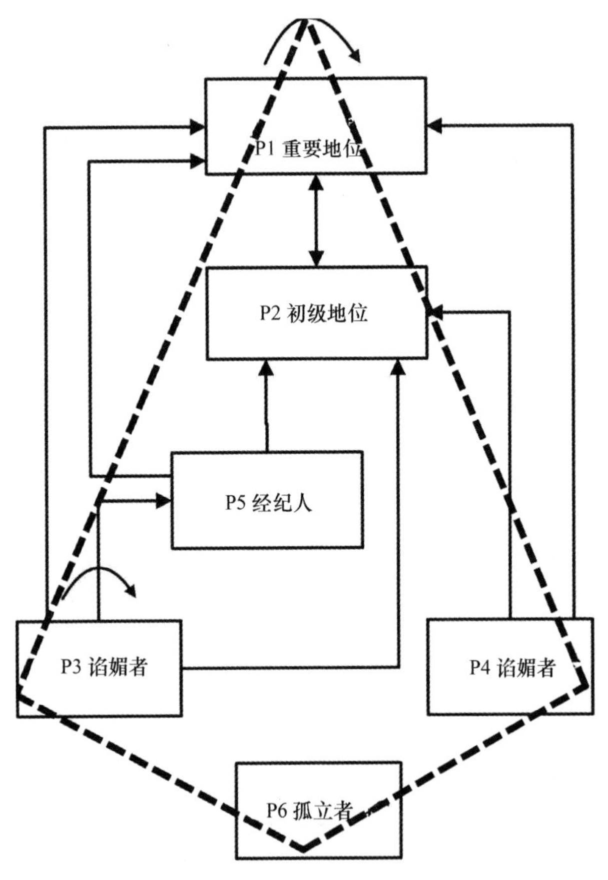

图 7－4　某本科大学的角色

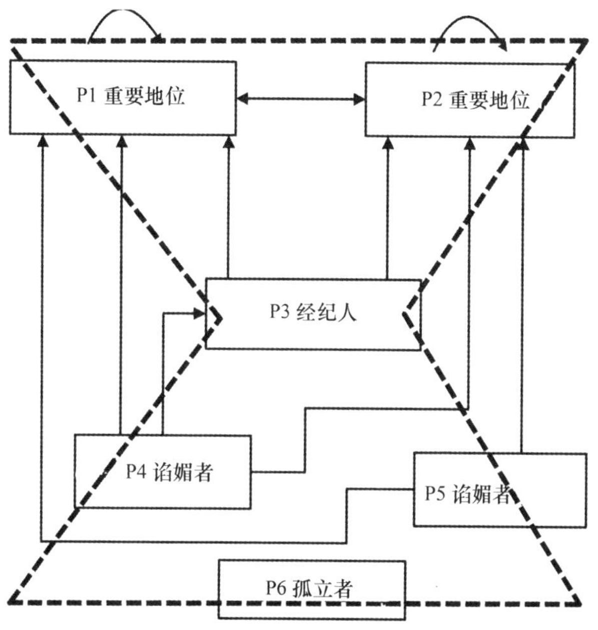

图 7－5　某高职学院的角色

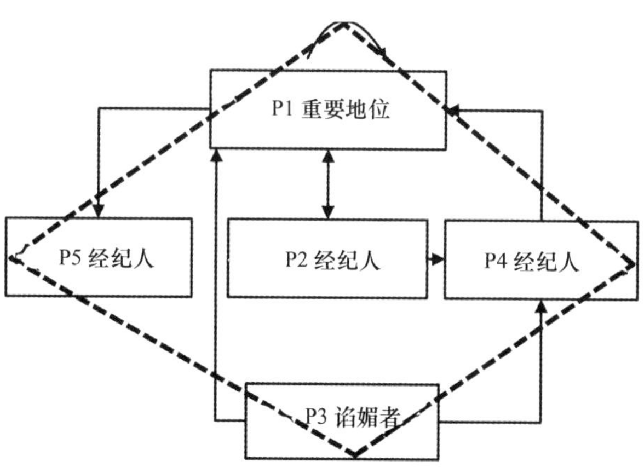

图 7－6　某民办高职学院的角色

高职学院呈现双领导中心的沙漏形结构，治理权力集中，内外部部门和机构仅被划分为四种不同角色。该校权力大小的两极分化程度较明显，处于重要地位的校领导和处于谄媚者地位的校内部门所占比重最大，没有部门属于初级地位，仅有五个部门属于经纪人地位，其他部门都处于单方面向上级提出联系请求的不重要地位。治理决策仅由校领导制定，省教育厅对决策影响较大。与某本科大学相似，其他部门中仅有督学委员会一个学术相关部门地位相对较高。外部机构中的市政府和相关企业被排除在治理决策之外。

民办高职学院呈现出更为民主的菱形结构，与某高职学院相反。较少的校领导和较少的校内部门处在组织的两极，大多数校内外部门处于经纪人地位的中间部分。治理结构接近某本科大学，但由于缺少初级地位，并且多数成员属于经纪人地位，所以呈现出更加扁平状的民主决策状态。与教学活动相关的部门在民办高职学院具有较高的地位，教学管理部门与各学院（系）能够以经纪人的地位影响决策。没有被排除在组织治理决策以外的机构或部门。

第三节　研究结论与分析

通过社会网络分析，本章的研究尝试对不同办学主体和不同办学层次的三所样本学校的治理结构进行了实证化的比较分析。结论如下。

一　三所学校对比结论

研究样本中，本科大学治理结构最为复杂，层级较多，较为民主，决策过程中能够考虑绝大多数部门和机构的意见，但领导班子内部权力分布不均，党委会、党委书记和校长把持主要决策权；职能部门中教学管理部门最重要，行政部门次之，教辅部门地位最低；

教学机构的权力明显大于其他两所样本学校，对决策有一定影响力。

高职学院最为集权，且是双领导中心的治理结构。组织内部权力分布两极化程度严重，多数校内外部门无力影响决策，领导层掌握最多权力，但其内部成员权力分布相对均衡；职能部门中，行政部门权力最大，教学管理部门次之，教辅部门地位最低；教学机构不影响决策。

民办高职学院的决策最为民主，治理结构扁平化，领导层成员掌控主要决策权，但其他部门能够不同程度地参与治理，体现了决策权力的分享。领导层内部党委书记权力小于董事会和校长；职能部门中，教学管理部门权力最大，行政部门次之，教辅部门权力最小；教学机构对决策有一定的影响力。

二　SNA 视角下的权力分析

SNA 方法为我们提供了定量化地描述大学治理结构进而寻找完善治理结构途径的有效手段。透过 SNA 的视角，本研究比较清晰地呈现了样本学校的权力结构，有助于了解不同类型和不同办学主体的学校在权力结构中表现出的不同特点。

从研究的结论来看，我国大学的权力结构呈现出一些共性。首先，校长和党委书记的权力过大，从研究数据来看，除民办高职学院外，校长和党委书记已经掌握了等同于党委会（董事会）的主要权力，校长或党委书记个人的决策很可能会左右集体决策，这种状态下难以发挥集体决策的优势，难免由于个人认知的局限而带来不良结果。其次，作为教学部门的院（系）的权力很小，教学部门直接面对教学的机构，最了解教学过程中存在的问题和解决手段，但是教学部门几乎没有权力，也就难以及时应对问题，做出最佳的决策。最后，学校的职能部门的权力比较大，职能部门是学校的执行部门，本身不拥有权力，其权力是学校领导将权力通过委托的形式授予的，但是由于现代大学机构庞大、人员众多，学校领导已经无力对日常的具体事务进行决策，很多权力已经逐渐演化为职能部门所拥有的权力。职能部门处于学校和院系之间，具有承上启下的重要作用，其权力又很难被监督，容易产生权力的滥用与权力的异化。

大学治理结构的优化是近期高等学校面临的主要任务之一。治理结构的优化首先就是权力结构的优化，从本研究的结论来看，权力结构的优化途径主要有三条：第一，加强校级集体决策的权力，主要是加强党委会、学术委员会和职工代表大会的权力，警惕个人的权力替代集体的权力。第二，加强基层教学部门院（系）的权力，基层教学部门的权力加大，才有能力及时解决实际工作中的问题。第三，明确和规范职能部门的权力，职能部门的权力来源于校级权力的授予，这种授予没有明确的范围和边界，难免会发生权力授予过宽过大的局面，因此，需要对职能部门的权力进行明确和规范。

从研究的三个样本学校来看，它们的治理结构受到办学层次、外在环境、学校文化和历史的影响，呈现出非常不同的状态，大学治理结构的优化除了以上的一些共性之外，还要结合不同学校的实际状态，寻找自己独特的优化路径。但是，不管路径如何，其恪守的原则和得到的结果都是一样的。一个良好的大学治理结构的核心就是能够圆满地完成大学的基本任务，培养出优秀的人才并能够为人类的知识宝库做出贡献，只有能够满足以上要求的路径才是优化的路径。

研究借用 SNA 方法，虽然定量地刻画了样本学校的权力结构，但是限于所获取的数据是截面数据，还无法观察到大学治理结构的演化过程以及外部环境变化给治理结构带来的影响，进一步的研究需要寻找影响大学权力结构和决策角色的因素和影响机制，以便进一步完善大学治理结构。

第八章　大学治理结构与治理有效性的关联分析

大学权力是保证大学功能实现、对大学进行合法治理的一种力量。大学权力分为外部权力和内部权力，内部权力关系高等学校的内部治理，是高等教育管理体制的基石。大学内部权力结构是指大学内部各权力主体参与重大事件的权力分配情况。学者们构建出了理想化的大学内部权力结构模型，如：平衡各权力主体的关系，强调多元权力主体共同参与及学术人员的作用等。但是，这些模型过于理想化，没有实证研究作为支撑。仅有的少量的实证分析定量地描述了权力结构的形态，但是并没有提出完善权力结构的有效路径。本书试图更深入地研究大学各权力主体之间的关系并定量化地挖掘大学内部的权力结构。

第一节　问卷及数据分析

研究高等学校的内部权力结构，需要分析各部门（领导）的关系，而部门（领导）的权力关系可以通过共同参与学校的重大事件来体现。部门或领导参与事件的越多，就掌握越多的权力。因此通过分析部门（领导）参与学校重大事件的情况来分析学校的内部权力结构。对学校重大事件的确定主要有两个视角：第一，学校实践的视角，高等学校中的重大事件往往是非常规的事件，这种事件经常在学校的新闻网站上出现，通过查阅样本学校的新闻数据，从而确定学校的重大事件。第二，权力理论的视角，通过相关理论的分析，最后确定学校的重大事件。

通过查阅样本大学一学年内的网站信息、重大新闻，收集整理到一些与学校管理有关的事件，通过对事件进行统计分析发现各类事件所占比重如下：(1) 校内领导外出调研访学或校外有关人士来本校访问、做报告的信息，约占总事件数的36%；(2) 学科建设规划方案的制定、学科建设经费分配、科研团队和科研平台建设的信息，约占总事件数的20%；(3) 教师专业技术岗的职称评聘、专业高级人才引进、教学团队组建的信息，约占总事件数的10%；(4) 学校举办体育活动、文化活动、师生参加重大活动并获奖的信息，约占总事件数的9%；(5) 学校制定发展规划、大学章程、综合改革方案的信息，约占总事件数的8%；(6) 学校开展党政建设、学习党的精神的信息，约占总事件数的5%；(7) 学校财务预算、决算的制定、执行有关的信息，约占总事件数的5%；(8) 学校基本建设、设备维修和重大物资采购的信息，约占总事件数的4%。其中 (1)、(4) 和 (6) 主要是学校新闻或活动的有关报道，(2)、(3)、(5)、(7)、(8) 则是学校的重要事件。

从权力理论方面分析，高等教育法中规定了关于大学的七项自主权：招生、教育教学、科学研究、机构设置、教师管理、学生管理、经费使用。迪特里希·戈尔德施米特把大学权力类型划分为总体规划与决策权、预算与财政权、招生权、课程与考试权、教师聘任权、研究决策权。[①] OECD 也对于大学权力的类型进行了划分，包

① ［加］约翰·范德格拉夫等编著：《学术权力——七国高等教育管理体制比较》，王承绪等译，浙江教育出版社 2001 年版。

括房屋与设备资产权、借贷权、财务预算权、学科和课程设置权、雇佣和解聘学术成员权、确定工资标准权、招生权、学费水平决定权。[①] 通过实践调查和理论分析相结合，我们提炼出大学的重大事件为：总体规划事件、预算财务事件、学科建设事件、职称评聘事件和基建采购事件，本书依据这五个事件设计了社会网络分析的调查问卷。

研究选取了九所公办本科院校的领导层、职能层、学院层和外部机构这四部分为调查对象进行问卷调查的填写。领导层包括校党委会、校学术委员会、党委书记、校长、副校长等校机构及领导班子成员；职能层包括人事处、财务处、教务处、科研处等学校的主要职能部门；学院层主要包括各院系专业；外部机构主要包括省政府（省教育厅）、市政府和相关企业。确定了调查问卷和调查对象后，对调查对象发放问卷。一共发放问卷360份，回收360份，对回收的问卷进行整理，剔除无效问卷后，得到有效问卷350份，有效问卷占发放问卷的97.2%，符合数据分析的要求。对有效问卷进行数据的录入、整理、分析，其中九所样本大学分别以字母A、B、C、D、E、F、G、H、I来代替。

在对大学内部权力结构进行定量分析之前，首先通过社会网络分析图直观地展示部门（领导）的关系，如图8－1所示：其中节点代表了各个权力的实施者，包括校领导、职能部门、教学单位和外部机构，节点的大小代表了各权力实施者参与权的大小，节点之间的连线，表示权力的实施者即部门（领导）间在某些事务上的联系。

以A大学为例，从图中可以看出校党委会、党委书记、校长的

---

① Institutional Management in Higher Education, *IMHE*, *OECD Report*, 2003.

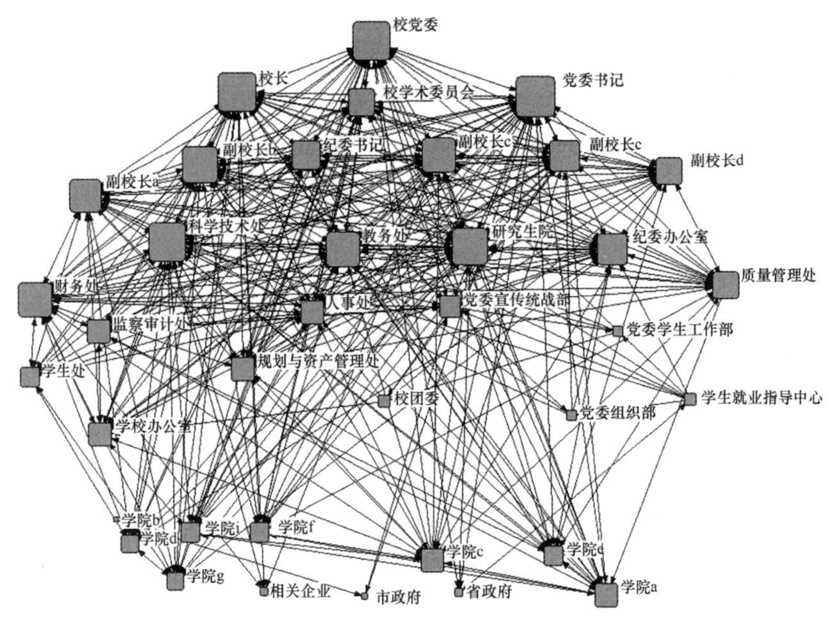

图 8－1　A 校部门（领导）权力的关系

权力最大，处于权力“倒金字塔”的最上端，职能部门中科学技术处、财务处、教务处作为学校的核心部门权力较大。学术委员会的权力相对来说较小，基层学院的权力较小，省政府、市政府、相关企业的权力最小。总体上学校的权力主要掌握在领导层手中，职能层次之，学院层和外部机构的权力最小。借助社会网络关系图并不能准确地描述权力的分配情况，还需要进一步对权力分配和权力运行状态进行定量分析。

第二节　大学内部的权力分配与重心

对大学内部权力结构的分析，主要通过“中心性”来分析各权力主体参与权的分配情况即各部门（领导）在学校总体网络中的地位，同时也要通过权力的“重心”分析不同层次（领导层、职能层、学院层、外部层）参与权的分配情况，整体表现大学内部的权力结构。

一 权力主体的权力分配情况

关于权力主体之间参与权的分配情况，首先通过中心性来分析各个部门（领导）的权力大小。中心性是社会网络分析的重点之一，其思想来源于社会计量学中的概念—明星，是社会学家公认的社会结构的基本属性，表明个人或组织在其社会网络中具有怎样的权力，居于怎样的中心地位，用来探讨个人或组织在其所处网络中的位置和重要度。[①] 研究利用中心性中的度数中心度和中间中心度来反映各部门（领导）权力的大小。

度数中心度：是测量网络中行动者“权力”大小的指标，用与某个节点直接连接的其他节点数目来表示。度数中心度高的行动者可视为核心，在网络中拥有最大的“权力”。如果一个部门（领导）的度数中心度最高，则说明该部门（领导）是所有部门的中心，在网络结构中处于核心位置，拥有最高的权力。

中间中心度：是测量网络中行动者对资源的控制程度的指标。如果一个点处于许多其他点对的最短途径上，则该点具有较高的中间中心度，起到重要的“中介”作用；中间中心度较高的部门（领导）往往能够获取更重要、更多样和更及时的信息或知识，具有信息获取优势和资源控制能力。

以 A 校为例对部门（领导）的权力中心性分析如表 8－1 所示。

---

① 刘军：《整体网分析——UCINET 软件实用指南》，上海人民出版社 2014 年版，第 127 页。

表 8 - 1　　A 校的部门（领导）中心性分析

	度数中心度	中间中心度
校党委	100.000	100.000
校学术委员会	89.744	90.698
党委书记	100.000	100.000
校长	100.000	100.000
副校长 1	89.744	90.698
副校长 2	84.615	86.667
副校长 3	97.436	97.500
副校长 4	92.308	92.857
副校长 5	89.744	90.698
纪委书记 6	82.051	84.783
纪委办公室	82.051	84.783
学校办公室	87.179	88.636
党委组织部	53.846	68.421
党委宣传统战部	66.667	75.000
党委学生工作部	48.718	66.102
校团委	64.103	73.585
科学技术处	100.000	100.000
研究生院	94.872	95.122
质量管理处	87.179	88.636
学生就业指导中心	64.103	73.585
规划与资产管理处	92.308	92.857
财务处	94.872	95.122
监察审计处	84.615	86.667
学生处	76.923	81.250
人事处	87.179	88.636
教务处	97.436	97.500
学院 a	97.436	97.500
学院 b	48.718	66.102

续表

	度数中心度	中间中心度
学院 c	89.744	90.698
学院 d	43.590	63.934
学院 e	53.846	68.421
学院 f	76.923	81.250
学院 g	74.359	79.592
学院 h	79.487	82.979
学院 i	76.923	81.250
学院 j	53.846	68.421
学院 k	69.231	76.471
省政府	53.846	68.421
市政府	43.590	63.934
相关企业	43.590	63.934

由于篇幅限制，对其他大学中心性的数据分析不做展示，通过比较分析样本大学的权力中心性指标，发现这些大学的权力分配存在着一些共性：

（1）校党委、党委书记、校长的度数中心度和中间中心度最高，处于网络的核心，参与的事件最多，权力最大，控制了学校的重要资源，有较高的声望和影响力，但是校学术委员会的中心度普遍较低，与其他部门的联系处于一般位置，对学校资源的控制能力相对较低，权力较弱，学术权力的辐射作用较小。

（2）职能部门中科技处、教务处、研究生院、财务处、人事处和规划处作为学校的核心部门，在网络部门中占据着重要的位置，参与的事件较多，权力较大，具有信息优势和良好的资源控制能力。

（3）学院层中，个别具有优势学科的学院中心度相对较高，权力相对较大，掌控资源的能力较强，其余多数学院的中心度普遍较低，参与的事件较少，权力相对较小，对资源的控制能力较低。

（4）省政府、市政府、相关企业的中心度处于偏下的位置，参与的事件较少，这一个方面说明政府对学校内部事务的干涉较少；另一方面说明以相关企业为代表的社会对学校事务的参与度也较低。

二　权力“重心”的分析

中心度分析可以得到每个行动者在网络中地位轻重和权力大小程度的信息，但它强调的是行动者自身的属性。若要更加精确地把握各类部门对事件的参与程度，就需要计算每类部门的参与程度分配比例，通过“重心”来分析领导层、职能层、学院层、外部层的权力大小。重心是物理学的概念，是指物体各部分所受重力之合力的作用点。我们借用这个概念来表示权力的重心即从高层到基层权力分配的比例，如果高层权力的比重大，则表明权力的重心高，如果基层的权力比重大，则表明权力的重心低。

在社会网络中，度数中心度高的行动者可视为网络的核心，在网络中拥有最高的“权力”，因此以度数中心度为主，分析各层次部门（领导）在学校中的位置（见表8－2）。

表8－2　　各校权力的“重心”分析

学校	A	B	C	D	E	F	G	H	I
领导层	0.297	0.267	0.316	0.302	0.311	0.350	0.324	0.341	0.352
职能层	0.412	0.463	0.432	0.433	0.394	0.392	0.402	0.393	0.394
学院层	0.245	0.204	0.204	0.202	0.199	0.196	0.222	0.208	0.199
外部层	0.045	0.066	0.048	0.063	0.096	0.062	0.052	0.058	0.055

从表8－2中可以看出学校的权力主要集中在领导层和职能层，学院层、外部层的中心度普遍较低，由于研究的对象是学校内部的

权力结构，外部层无法同内部的三个层次比较，因此在后面的分析中将外部层权力剔除。

通过“重心”分析比较学校各层次的中心度，发现样本学校领导层的中心度小于职能层的中心度，表明职能层处于网络的核心，参与的事件较多，权力较大，对资源的控制能力极强。总的来说，各校的权力重心较高，主要集中在领导层和职能层，学院层的权力较低，对资源的控制能力较弱，自治性较低。

第三节 大学权力运行的状态指标分析

大学的内部权力结构是一个静态的过程，但是权力只有通过各个主体之间的联系，才能在运行中发挥作用。而网络指标中的密度、平均距离和凝聚力指数能够反映各行动者之间的关系，进而描述权力在运行中所呈现的状态。

密度是指网络个体之间联系的紧密程度，[①] 是实际存在的线数量与可能存在的线数量的比例。其取值范围为［0，1］，数值越大，表明部门（领导）间的互动较多，关系较紧密，有良好的信息交流和合作渠道，权力运行的比较流畅；反之，则说明部门之间互动较少，关系较疏远，部门（领导）间难以沟通合作，权力运行得不流畅。[②]

平均距离是指关系网络中任意两点之间最短途径的平均长度，象征了社会网络中的点能够连接到其他每个点的难易程度。在本研究中指部门（领导）与部门（领导）之间的距离，距离越短，则说明他们之间的联系越紧密，中间不经过其他部门或经过很少的部门来取得联系，权力的运行速度较快；反之，则说明他们的联系比较

---

① Sparrowe R. T., Linden R. C., & Kraimer M. L., “Social Networks and the Performance of Individuals and Group”, *Academy of Management*, Journal 2001, Vol. 44, No. 2, pp. 316 – 325.

② 耿敏：《基于社会网络的高层管理团队绩效研究》，硕士学位论文，扬州大学，2009 年。

松散，联系的建立要经历过多的其他部门来实现，不利于两者的合作和信息的交流，权力运行的速度较慢。①

表 8－3　　各校权力运行状态的指标值

学校名称	密度值	平均距离	凝聚力指数
A	0.7782	1.222	0.889
B	0.7603	1.240	0.880
C	0.7449	1.255	0.872
D	0.7513	1.249	0.876
E	0.7571	1.243	0.879
F	0.7404	1.260	0.870
G	0.6821	1.318	0.841
H	0.6987	1.301	0.849
I	0.6571	1.343	0.829

凝聚力指的是一个集体的全部成员通过社会关系联系在一起的程度。凝聚力指数越大，表明网络成员之间的凝聚力越强即部门间的关系越紧密，能够形成较大的合力，反之，部门之间的关系越松散，难以形成合力。各校的密度值、平均距离、凝聚力指数如表 8－3。从表 8－3 中可以看出每所学校的密度值都在 0.7 左右，说明样本学校的密度值较大，各部门（领导）之间关系紧密，联系密切，部门（领导）网络之间有良好的信息交流和合作渠道。

每所学校平均距离集中在 1.20—1.35，说明部门节点间的平均距离不大，意味着部门之间具有较好的知识交流渠道，有利于部门间的沟通合作。

① 贡金涛：《社会网络关系分析在学科评估中的应用》，硕士学位论文，辽宁师范大学，2010 年。

整体网络的凝聚力集中在 0.83—0.89，学校间的凝聚力差距不大，学校各个部门之间的联系比较紧密，权力运行的状态基本良好。

总的来说，各校的权力运行状态较好，部门间联系紧密，信息交流沟通平台畅通。结合权力结构的重心可以解释为领导层和职能层之间的联系更为密切，权力运行的状态更为良好，而领导层、职能层和学院层的联系相对松散，权力的运行状态相对较差。

通过对权力重心和权力运行状态的分析，发现各样本大学的重心高低、密度值、平均距离、凝聚力指数各有不同，这些不同是否会影响学校绩效的提高呢？为解释这个问题，我们将进一步分析各层次的中心性、密度值、平均距离和凝聚力指数与大学绩效之间的关系，以便确定这些指标是否影响了大学的健康发展。

第四节　大学治理结构与绩效的关联分析

一　大学绩效评价

绩效评价是指运用一定的评价方法和标准，对组织的产出与投入情况进行的综合评价，大学的绩效评价就是对大学产出的教学、科研、服务社会等成果与大学投入的师资、经费、设备等资源使用情况进行的评价，即产出与投入的比值分析。

常见的大学绩效评价方法有：聚类分析法、动态平衡积分卡、数据包络法及模糊综合评价法等。但是这些方法存在着一些缺陷，如设计的指标体系缺乏依据，没有严格规定指标的数量，采用主观赋权法来确定权重等。[①] 而“投入—产出”法重视被评价对象取得产出绝对量时的不同发展条件，具有相对公平性；能够较为全面地反映一个相对时期内大学办学效益的变化情况，重视过程性；关注

① 姜彤彤、武德昆：《高等学校绩效评价方法研究综述》，《江苏高教》2011 年第 6 期。

办学的相对“效益”或“效率”。[①] 因此本节选用“投入—产出”法来分析样本大学的绩效。

本书中“投入—产出”指标体系各指标的数据均来自2010—2014年辽宁省教育统计年鉴和省教育厅的官方文件，所有数据都是真实、有效的，不存在向被评院校直接索要数据或者查询被评院校自己发布的资料来获得数据的情况。具体的投入、产出指标如表8－4所示。

表8－4 **投入、产出指标**

投入指标	产出指标
1. 校本部教职工总数 x1	1. 当量在校生数 y1
2. 校本部专任教师中博士学历比例 x2	2. 留学生人人数 y2
3. 科研课题当年投入人数 x3	3. 博士点数 y3
4. 生均教育经费 x4	4. 硕士点数 y4
5. 科研经费投入 x5	5. 全国重点学科 y5
6. 固定资产总值 x6	6. 科研课题数 y6
7. 教学、科研仪器设备总值 x7	7. 国家级课题数 y7
8. 一般图书册数 x8	8. 著作数 y8
9. 实验室面积 x9	9. 国外发表学术论文数 y9
10. 教室面积 x10	10. 国内发表学术论文数 y10
11. 宿舍面积 x11	11. 当年专利授权数 y11

通过对投入、产出指标进行Z标准化、典型相关分析、聚类分析、主成分分析求得大学的绩效得分。其中对数据进行Z标准化处理，消除原始数据的量纲，使数据具有可比性；典型相关分析和聚类分析则是对投入指标组和产出指标组进行精简化和科学化，使精简出来的指标存在较强的相关性。研究采用的11项投入组指标和11项相关组的指标均通过了检验；最后采用了主成分分析，通过降维的思想分别对投入组指标和产出组指标提取主成分，得到投入主成

① 中央教育科学研究所高等教育研究中心：《高等学校绩效评价报告》，《大学》（学术版）2009年第11期。

分函数和产出主成分函数，将各指标数据带入函数公式便可求得各大学的投入和产出得分，最终求得各大学的绩效得分。

由于大学的数据每年都会变化，有时候一些异常数据会严重影响绩效评价的结果，因此我们计算样本大学最近5年的数据，进而得到样本大学的绩效得分。如表8－5所示。

表8－5　　样本大学的绩效得分

名称	2010年	2011年	2012年	2013年	2014年	均值
A	1.12751206	1.163943468	1.261349029	1.324935034	1.373972643	1.250342
B	1.294296212	1.251223962	1.302693767	1.113129878	1.083052516	1.208879
C	1.090104783	1.089668937	1.060323949	1.047931551	1.082686136	1.074143
D	1.007250772	0.974676077	1.094474095	0.979768632	1.047903898	1.020815
E	1.043298477	1.087031116	0.943215453	1.254176633	0.757115307	1.016967
F	0.898506733	0.811877322	0.901683316	1.005391924	1.03283412	0.930059
G	0.89267868	0.884310735	0.889625683	0.892838377	0.965411776	0.904973
H	0.896748049	0.943898099	0.878759475	0.830718339	0.922054403	0.894436
I	0.816424838	0.855022592	0.793967389	0.712663108	0.831525523	0.801921

二　相关性分析

基于上文提到的问题，通过各层次的中心度、密度、平均距离、凝聚力指数来分析权力结构与绩效的关系，由于本研究比较的样本量较少，为保证结果的科学有效，采用灰色关联分析法来进行权力结构与绩效的相关性分析。灰色关联分析对样本量的多少没有过多的要求，也不需要典型的分布规律，而且计算量比较小，其结果与定性分析结果比较吻合。①

灰色关联是指事物间的不确定关联，或系统因子之间、因子对

① 邓聚龙：《灰色系统理论教程》，华中理工大学出版社1990年版。

主行为之间的不确定关联。① 灰色关联分析是基于行为因子序列的微观或宏观几何接近，以分析和确定因子之间的影响程度或因子对主行为的贡献测度，即分析权力结构和权力运行状态对绩效的影响程度。

常用的灰色关系分析主要有邓氏关联度、T 型关联度、斜率关联度、B 型关联度、C 型关联度、灰色欧几里得关联度等。但这些关联度的取值都为［0，1］，不能反映正、负相关关系。尽管一些学者在这方面做出了一些改进，如：改进的 T 型灰色关联度、基于时点间相对斜率差的改进灰色关联度模型、改进的灰色关联度量化模型等，但是同样存在着问题，如一些操作可能导致计算结果失真、侧重时间序列的分析、关联系数的分辨率低等。基于以上思考，研究采用了曹明霞改进的灰色斜率关联度模型计算权力结构、运行状态对绩效的影响。模型如下。

$$r(X_0, X_i) = \begin{cases} \dfrac{1+|\overline{\Delta x_0(k)}|}{1+|\overline{\Delta x_0(k)-\Delta x_i(k)}|} & \overline{\dfrac{\Delta x_0(k)}{\Delta x_i(k)}} \geqslant 0 \\ -\dfrac{1+|\overline{\Delta x_0(k)}|}{1+|\overline{\Delta x_0(k)-\Delta x_i(k)}|} & \overline{\dfrac{\Delta x_0(k)}{\Delta x_i(k)}} < 0 \end{cases}$$

其中：

$$\overline{\Delta x_0(k)} = \frac{1}{n-1}\sum_{k=1}^{n-1} |\Delta x_0(k)|$$

$$|\overline{\Delta x_0(k) - \Delta x_i(k)}| = \frac{1}{n-1}\sum_{k=1}^{n-1} |\Delta x_0(k) - \Delta x_i(k)|$$

$$\overline{\frac{\Delta X_0}{\Delta X_i}} = \frac{1}{n-1}\sum_{k=1}^{n-1} \frac{\Delta x_0(k)}{\Delta x_i(k)}$$

其中 X_0 表示能够反映系统特征行为的参考序列，X_i 表示影响系

① 曹明霞：《灰色关联分析模型及其应用的研究》，硕士学位论文，南京航空航天大学，2007 年。

统行为的因素序列。

当 $-1 \leq r_i < 0$ 时，X_0 与 X_i 为负关联，$|r_i|$ 越大，负关联程度越强；当 $0 < r_i \leq 1$ 时，X_0 与 X_i 为正关联，r_i 越大，正关联程度越强；当 $r_i = 0$ 时，X_0 与 X_i 没有关联。

根据改进的斜率关联度模型来判定领导层、职能层、学院层、职能学院层的中心度、密度、平均距离、凝聚力与绩效的相关程度，进而判定权力重心、权力运行状态对绩效的影响。

通过模型计算，求得关联度为如下。

$$r(X_0, X_1) = -0.932, r(X_0, X_2) = -0.955,$$
$$r(X_0, X_3) = 0.974, r(X_0, X_4) = 0.961,$$
$$r(X_0, X_5) = 0.968, r(X_0, X_6) = -0.940,$$
$$r(X_0, X_7) = 0.958$$

其中参考序列 X_0 为各校的绩效得分，比较数列 X_i 为本文设定的权力结构与运行状态的指标，X_1 为领导层的中心度，X_2 为职能层的中心度，X_3 为学院层的中心度，X_4 为职能学院层的中心度，X_5 为密度值，X_6 为平均距离，X_7 为凝聚力指数。

通过分析得出，领导层、职能层、学院层、职能学院层、密度、平均距离、凝聚力都与绩效有关系，都能够影响绩效，其中学院层、密度、职能学院层、凝聚力与绩效正相关，并且对绩效的影响程度依次减弱；职能层、平均距离、领导层与绩效负相关，阻碍绩效的健康发展。具体分析如下。

领导层的度数中心度与绩效的关联度为 -0.932，说明两者为负相关，即领导层的中心度越低，权力越小，绩效越高。

职能层的度数中心度与绩效的关联度为 -0.955，说明两者为负相关，即职能层的中心度越低，权力越小，绩效越高。

学院层的度数中心度与绩效的关联度为 0.974，说明两者为正相关，即学院层的中心度越高，权力越大，绩效越高。

职能学院层的度数中心度与绩效的关联度为0.961，说明两者为正相关，即职能学院层的中心度越高，权力越大，绩效越高。

即大学的权力分配中的“重心”越低，绩效越高。

密度与绩效的关联度为0.968，说明两者为正相关，即权力网络的密度值越大，权力运行越流畅，绩效越高。

平均距离与绩效的关联度为-0.955，说明两者为负相关，即权力网络的平均距离越短，权力运行速度越快，绩效越高。

凝聚力与绩效的关联度为0.958，说明两者为正相关，即权力网络的凝聚力指数越大，部门间形成合力越大，绩效越高。

即大学的权力运行中“状态”越好，绩效越高。

通过分析得知，权力重心越低，领导层、职能层权力不断下放，学院层自治权不断提高，越有利于学校绩效的健康发展；部门（领导）间的关系越密切，信息交流越顺畅，决策越民主，权力运行状态越好，越有利于学校绩效的提高。

第五节　大学治理结构有效性分析

从大学内部权力结构与绩效的关系来看，权力越分散，重心越下移，学院层的自主权越大，越能高效、高质量地处理学校事务，促进绩效的提高，推动学校的健康发展。从权力运行的状态与绩效之间的关系来看，部门之间的联系密切，信息交流渠道畅通，凝聚力的提高，都有利于部门之间的合作，从而提高工作效率，使权力的运行状态良好，进而促进学校绩效的提高。

我们的研究样本是教学研究型的高等学校，这一类学校的特征是学校层面掌握很大的权力，并主要负责对于与外界的沟通并获得资源，学院（系）层面虽然具备了一定的学术实力，但是难以在本地区或者全国的范围内产生重要的影响，学院（系）层面难以独立地与外界沟通并获得资源，因此学院（系）层面的权力较小。

对于这一类学校，学院（系）已经具备了一定的学术实力和与外界沟通的能力，学校层面就应该将学校的管理重心下移，给予学院（系）更多的自主的权力，使其能够自主寻求最适合自己学院（系）的发展道路。同样，从政府的层面也应该给予这类高校更多的权力，包括招生、专业设置、学科发展、职称评定等给予更多的自主决策的权力，使这类型高校具备更大的权力，承担更多的责任。对于这一类型高校，也应该加强机关职能部门与学院（系）和学校领导之间的信息联系，疏通信息流通的渠道，通过学校的愿景规划和权力的下放来增加学校的凝聚力，加强学校各个部门之间的合作，从而提高学校绩效。

现代大学已经成为一个结构复杂、规模庞大的组织，由于大学兼有教学、科研和服务社会等多重目标，因此，寻求达成目标的有效途径也变得异常艰难。毫无疑问，一个良好和有效的权力结构是大学达成目标、健康发展的重要因素，因此，本书从大学的内部权力结构和运行状态两个方面进行了探讨。

研究虽然定量地呈现了样本大学的权力结构、运行状态与绩效相关性，并得出了一些有益的结论，但是还存在很多研究的局限。其一，由于客观限制我们的样本学校还是仅仅局限在教学研究型高等学校，因此研究结论难以推广到研究型大学和新建本科以及高职学院中；其二，我们对于权力结构的研究还停留在静态的研究，对于权力结构的演化过程以及外部环境变化带来的影响还无法观察到，这是本书的局限性也是今后研究有待突破的领域。

第九章　二级学院的治理与效果分析

2010年年底中共中央、国务院颁发的《国家中长期教育改革和发展规划纲要（2010—2020年）》中明确提出了完善“中国特色现代大学制度”的要求，完善大学治理结构是建立现代大学制度的核心，也是深化高等教育综合改革的重要内容。大学治理结构是大学治理的作用方式，其核心是权力结构，即决策权的分配模式。从大学治理的角度看，二级学院的治理是大学内部治理的重要内容，二级学院权力结构的研究是大学治理，特别是大学内部治理研究的一个重要方面。

在20世纪八九十年代，由于我国社会主义市场经济体制的建立和高等教育体制改革的深入，我国高校原有的校系两级管理逐渐被校、院、系三级管理模式所代替。“学院”作为高校组织结构里的中间层次在高校管理中发挥着越来越重要的作用。学院制也因此成为我国高校组织结构的基本选择，从直线型走向扁平化转变的管理模式变革一度成为我国校院关系转变的基本走向。目前，我国高校大都实行了学院制的管理模式，二级学院在大学中居于重要地位，其权力的要素、结构和运行状态等问题也就成为二级学院治理研究的核心问题，因为权力要素的科学性、结构的合理性、运行的顺畅性决定着学院治理的达成程度。

学院主要有三种建制方式：由系直接升格为学院，以学科群组建学院和按照产业或行业的集合设置学院。在以学科群组建的学院中，出于学科建设和发展的需要，学院一级成为“学术权力”实现的主要载体和高校的学科建设、专业建设、教学、科研等工作的真正承担者。遵循学科发展的逻辑，加上高校具有“底部沉重”的特性，学术权力自然而然地被划入学院权力范畴。就高校组织而言，高校资源配置的实现和机构的有效运转需要通过权力的分配来实现，校院分级管理，实际上是对资源配置决策权力的划分。从管理效能的角度看，综合性大学应在学校的统一规划和领导下形成相对独立的办学实体，合理划分学校与学院权责关系。我国的高等教育普及化进程同时也带来了高校管理事务的增加，学院的设置和分权在某种程度上受此因素影响，也在一定意义上导致了实际中学院被异化为学校的行政管理机构，而无法实现真正的独立。

我国高校的二级管理组织通常是学院，但是一些高校还保留着系的编制，同时近年来很多高校在学院的基础上又成立了学部。本章研究对象是具有实际管理职能的高校二级组织，在文中用学院来表示。

第一节　学院权力研究文献回顾

一　理念、制度和实践：学院权力三种形态

从权力形态的角度看，学院权力有理念的权力、制度的权力和实践的权力三种形态。理念形态的学院权力研究认为：学院是高校教学、科研、人才培养、学术服务的实施单位，是集教学、科研和行政管理于一体的实体性机构。[①] 出于分层管理的需要，高校将部分

---

① 彭英、魏银霞：《推动大学章程建设构建以学术权力为主导的院（部、系）管理体制》，Proceedings of 2015 5th International Conference on Applied Social Science，Vol. 82，2015，p. 326。

权力给予学院，学校成为“决策中心”，学院成为“管理中心”，系（所）成为“质量中心”。[①] 制度形态的学院权力研究认为大学章程的制定对外可理顺大学与政府的关系，对内能完善大学的治理结构。[②] 这类研究主要是运用文本分析法对大学章程、学院制度以及相关的法律政策文件等进行深度解读。学院权力实践的研究表明，无论是“事权下移，财权、人权和重大事权仍然集中在校级”的模式，还是“职能分权制”模式，学院一级所拥有的自主权并没有达到预期的状态。[③]

不同形态权力研究的侧重点有所区别：理念形态权力的研究主要聚焦于对权力来源的细致探求、对权力内容的深入分析以及对如何制约权力的拷问；相比之下，制度形态的权力研究更多关注的是学院应该有哪些方面的权力，这些权力如何在学校和学院之间进行合理分配，学校层面如何实现对学院权力运行的监督和制约；深切关注现实问题，体现现实关怀是实践形态学院权力研究的主要特色。

理念、制度和实践三种形态的二级学院权力是一个从抽象理论到具象实践的过程，实际上，这一过程也是高校在治理中进行一整套政策实施的过程。但是，在这个过程中学院所拥有的权力范畴不断被缩小，监管的权力和内容反而越来越大、越来越多，因此，在这一过程中，学院的权力呈式微之势。

在学院权力理论研究中，人事管理权、财务管理权、教学管理

---

① 张月铭：《高校管理重心下移后的行政权力和学术权力》，《辽宁教育研究》2002 年第 9 期；毕宪顺、刘庆东：《高校内部权力的科学配置及其运行机制研究》，《国家教育行政学院学报》2010 年第 8 期。

② 司晓宏：《关于推进现阶段我国大学章程建设的思考》，《教育研究》2014 年第 11 期。

③ 刘亚荣、高建广、梅强、张金刚、李华、计建炳、孙毅：《我国高校实行校院两级管理体制改革的调研报告》，《国家教育行政学院学报》2008 年第 3 期；刘克利：《现代大学制度框架下学院层面的权力配置和运行》，《大学教育科学》2009 年第 6 期。

权、学科建设与科研管理权和行政管理权是学者普遍认为学院应拥有的权力内容，尤其是财务管理权被认为是学院拥有自治权的核心所在。然而在对大学章程的文本分析研究中，不难发现学院的权力被囿于教学事务、科研工作和学生活动的日常管理，所谓的财务管理权主要体现在制定年度经费预算方面，规定中的学院权力与理念构建中的权力在内容上有较大差距。学院治理的实践情况更不容乐观，多数院校处于事权下移，财权、人权和重大事权集中在校级层面的现状，学院在某种意义上只是部分分担了校级的行政管理职能，权力再一次被挤压。因此，可以说从理念到实践的过程也是学院权力式微的过程。

二　学院权力要素的多维度划分

学院是高校教学、科研、人才培养、学术服务的实施单位，是集教学、科研和行政管理于一体的实体性机构。在学校规章制度的制约下，学院根据学校的总体发展方向，制定发展方向和目标，规划学科建设，享有一定的人事、财务和办学自主权，统筹调配全院的人、财、物，使资源得以综合利用。[①] 一些研究者们试图通过列出权力清单的方式来为学院治理提供理论参考。

从学院事务的性质来看，学院的事务分为学术事务和行政事务，而学术事务应该是学院的核心事务，[②] 学院应充分发挥学术权力的作用，高校在学院一级应充分放权，淡化行政权力，充分发挥院一级的学术委员会、学位评定委员会和教学指导委员会等组织的作用，保证基层教学科研人员的教学和研究自由。[③] 作为实体的学院应在学

---

① 李素芹：《我国大学学院地位浅析》，《现代大学教育》2008 年第 2 期。

② 贾效明、焦文俊：《大学学院实体化建设中学院治理结构的改革与调整》，《北京理工大学学报》（社会科学版）2005 年第 6 期。

③ 郑勇、徐高明：《权力配置：高校学院制改革的核心》，《中国高教研究》2010 年第 12 期。

校的统一规划和领导下合理分享相应的责任和权力，[①] 这些权力包括：人事管理权、财务管理权、教学管理权、学科建设与科研管理权和行政管理权等，其中核心是财务管理权。[②] 然而，“事权以及事务管理基本运行经费支配权下移，重大财权、人权及发展事项仍然集中在校级”是当前我国高校校院两级管理改革现状的基本特征。[③]

对学院进行一定程度的监督和制约不仅是必需的，也是必要的。在校一级保留重大事项的决策权和审定权，既能给学院充分的自主权，自主谋求发展，又能给学院的权力运行予以约束，使其在教育管理的原则内和学校发展的方向下顺畅运行。在校院权力分配和管理中，只注重权力重心的下移，有可能出现学校整体控制的失灵，导致基层各自为政、资源重复配置和低效率利用的现象。[④] 因此，有学者建议采取水平性评估、发展性评估、绩效评估和国际评估等综合评估方式来考评院系的学术发展水平，并配以严格的奖惩机制，动态化调整对院系的支持力度。[⑤]

三 大学内部权力的多视角研究

学界就大学内部权力结构进行了一系列深入且卓有成效的研究：回顾梳理高等教育改革发展的历史、现状和问题，提出了推进内外

---

① 张月铭：《高校管理重心下移后的行政权力和学术权力》，《辽宁教育研究》2002 年第 9 期。

② 刘亚荣、高建广、梅强、张金刚、李华、计建炳、孙毅：《我国高校实行校院两级管理体制改革的调研报告》，《国家教育行政学院学报》2008 年第 3 期；程勉中：《大学学院制管理改革中责权利关系的调整》，《云南民族大学学报》（哲学社会科学版）2005 年第 2 期。

③ 刘亚荣、李志明、唐宁、韩东平、韩景义、肖刚：《高校校院两级管理模式研究》，《教育与经济》2010 年第 2 期。

④ 毕宪顺、刘庆东：《高校内部权力的科学配置及其运行机制研究》，《国家教育行政学院学报》2010 年第 8 期。

⑤ 谢安邦、阎光才：《高校的权力结构及权力结构的调整——对我国高校管理体制改革方向的探索》，《高等教育研究》1998 年第 2 期。

利益相关者共同参与治理[①]、完善有中国特色的大学董事会和理事会制度等政策建议[②]。由于大学学术组织的特性，从知识管理[③]、学习组织理论[④]的角度出发，学者们认为学术委员会应在大学决策制定过程中起到主导作用[⑤]，进而呼吁重视和赋予学术人员在大学中应有的重要地位。利用"多人囚徒困境（MPD）"模型[⑥]、扎根理论[⑦]研究方法的学者们对大学行政权力和学术权力间的关系进行了深入剖析。层次分析法也被引入大学内部权力研究中来进行权力结构分析。[⑧] 学者利用社会网络分析方法对大学内部决策者的角色进行了实证分析。[⑨] 从高校个案出发，提炼权力关系网络结构，在此基础上学者对二级学院在不同的权力网络结构、校院利益关系和院长代际情况下的策略性选择模型影响因素进行了探讨。[⑩]

既有研究为把握学院权力的概念、制度和现状提供了重要的参

① Michael Dobbins, Christoph Knill, & Eva Maria Vögtle, "An Analytical Framework for the Cross-country Comparison of Higher Education Governance", *Higher Education*, Vol. 62, No. 05, 2011, pp. 665 – 683.

② 贺永平：《公办大学董事会治理制度建构研究》，博士学位论文，西南大学，2012 年。

③ Deborah Blackman, & Monica Kennedy, "Knowledge Management and Effective University Governance", *Journal of Knowledge Management*, Vol. 13, No. 6, 2009, pp. 547 – 563.

④ Kovac Vesna, Ledic Jasminka, & Rafajac Branko, "Academic Staff Participation in University Governance: Internal Responses to External Quality Demand", *Tertiary Education and Management*, Vol. 9, No. 3, 2003, pp. 215 – 232.

⑤ Steve Rayner, Mary Fuller, Lindsey McEwen, & Hazel Roberts, "Managing Leadership in the UK University: A Case for Researching the Missing Professoriate?", *Studies in Higher Education*, Vol. 35, No. 6, 2010, pp. 617 – 631.

⑥ 张红峰：《大学内部权力博弈的模型分析与制度反思》，《国家教育行政学院学报》2012 年第 7 期。

⑦ 郭莉：《当代中国大学学术权力与行政权力的共轭机理研究》，博士学位论文，中国矿业大学，2013 年。

⑧ 姜华、吴桥阳、李小宾：《三类大学权力结构差异性的实证研究》，《云南师范大学学报》（哲学社会科学版）2014 年第 1 期。

⑨ 徐琪、姜华：《大学内部权力结构和决策角色研究——基于社会网络分析的视角》，《清华大学教育研究》2016 年第 6 期。

⑩ 钟勇为：《社会网络视角下的二级学院决策的策略选择——以 W 学院专业优化决策为例》，《教育发展研究》2014 年第 1 期。

考和方法上的借鉴，也为这一领域研究奠定了丰富的理论基础。然而学院权力结构能否直观地展现出来？不同类型高校的学院权力结构是否相同？“底部沉重”的组织特性在我国高校中是否存在？这些是以前研究很少涉及的。

第二节 基于社会网络分析法的研究设计

本节研究采用社会网络分析法（Social Network Analysis）对我国高校中学院权力的结构、校际差异、权力重心等进行实证性分析。社会网络分析的视角“强调把结构关系作为关键的导向原则”①，关注行动者之间的关系结构、关系内容、关系传递渠道是其主要的研究范围。② 这一思想为研究学院权力结构提供了思路。

权力在福柯看来既是一种关系，又是一种相互交错的网络。③ 作为关系和网络的权力，其存在于高校管理活动之中，通过形形色色的管理活动，权力得以体现。通过文献梳理发现：高校权力主要体现在学科建设、人才建设、教务教学、财务事务和学生治理五项管理活动中，同时这五项活动也是学院权力发挥作用的主要场域。以学科建设为中心设置的二级学院是大学“学术权力”实现的主要载体，大学的学科建设、专业建设、教学与科研、学术队伍建设等落脚点在学院不在大学。④ 关于财权管理的二级管理制度改革被认为是校院两级管理体制改革的核心所在，通常校院两级财务管理的焦点在于校、院收入来源的划分。学生管理作为日常管理的重要内容在校院两级管理

① ［美］戴维·诺克等：《社会网络分析》，李兰译，上海人民出版社 2012 年版，第 9 页。

② 刘军：《整体网分析：UCINET 软件实用指南》，上海人民出版社 2014 年版，第 11—12 页。

③ 陈炳辉：《福柯的权力观》，《厦门大学学报》（哲学社会科学版）2002 年第 4 期。

④ 王庆林：《论“去行政化”背景下大学学院的学术权力》，《江苏高教》2015 年第 4 期。

中是权力下放的主要内容。可见，这五个方面是高校内部校级权力和院级权力交汇作用的场所，校院两级在五大事项上表现出的权力下放与权力谋求的博弈过程，形塑了学院权力的结构。

高校内部的权力主体有很多，根据与学院权力相关和与上文五项事务密切相关的原则，筛选出校级部门、职能部门、院系部门三个层次共计21个部门作为分析对象。其中校级部门包括：校党委、校级相关领导、校学术委员会、校人事委员会和校职称评定委员会。职能部门包括：财务处、人事处、科研处、教务处、学生处、发展规划（学科建设）处、招生就业处。院系部门包括：院长、院党委书记、院党政联席会、院党委副书记、院学术委员会、科研副院长、教学副院长、行政副院长、系/研究所/教研室。研究中按照授予学位情况，将高校划分为："211"高校，具有博士、硕士授予权的高校，具有学士授予权的高校和高职院校四类。

利用社会网络的思想设计调查问卷。问卷中除了涉及被调查者的性别、年龄、职称、职务等背景资料外，主要内容是由学科建设、人才建设、教务教学、财务事务、学生治理五大事项和21个部门所构成的关系矩阵。问卷通过纸介和电子两种方式发放给高校中领导者、管理者以及普通的教职工，由他们根据所在学校情况确定不同部门在五类事务中的决策和参与情况。这些决策和参与信息构成了各权力主体部门在管理活动中交织而成的网络体系，这实际上也是学院权力结构的直观呈现，因为我们事先剔除了与学院无关或者关系不大的权力主体。利用社会网络分析软件UCINET可对调查数据进行量化处理和分析。

研究中的数据源于问卷调查，发放150份，回收121份，有效问卷108份，有效回收率72%。不同类型高校的问卷数量如下："211"高校占13.89%，具有博士、硕士授予权高校占19.44%；具有学士授予权高校占38.89%；高职院校占27.78%。

第三节　学院中的权力分配与可视化

一　学院权力结构的可视化

学院权力一方面通过学院与校内其他部门之间的关系得以体现；另一方面还表现在学院内部不同权力主体之间的关系。基于问卷调查数据，利用 UCINET 软件形成图 9－1 至图 9－4，分别代表不同类型高校中学院权力结构状况。图中节点代表了不同权力主体，即前文提到的 21 个部门。节点的面积代表了权力主体的决策权和参与

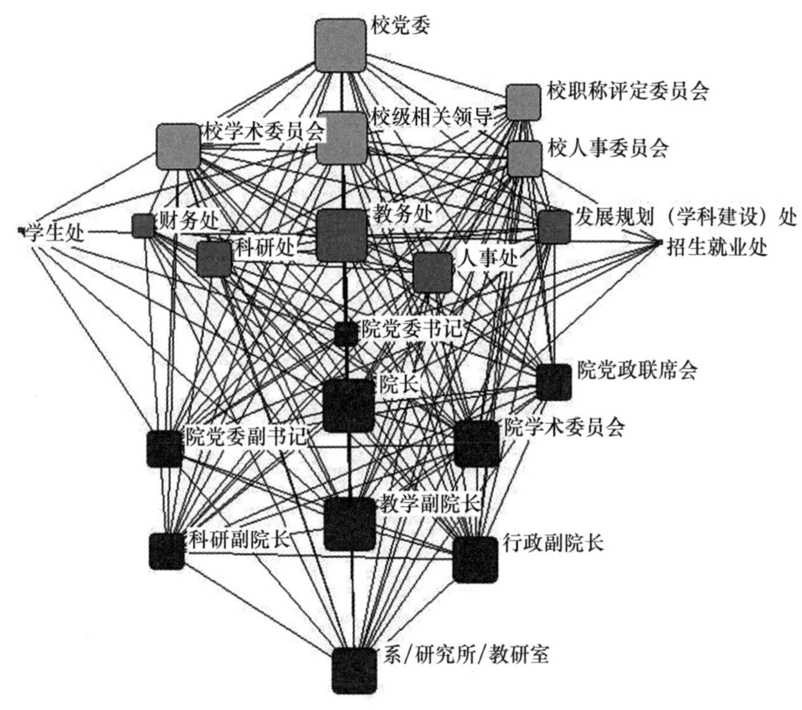

图 9－1　“211”高校的学院权力结构

注：其中▇代表校级部门，▇代表职能部门，▇代表院系部门；图 9－2、图 9－3 和图 9－3 与此一致。

权，面积越大表示权力主体所拥有的决策权和参与权越大；节点之间的连线表示权力主体之间在某些事件上存在着联系。

图9-1表明“211”高校中学院所受到外部权力主要来自校党委、校级相关领导和教务处，这一点与其他三类高校情况相同，反映了我国高校党委领导下校长负责制的管理体制，也体现了教学工作在高校中的核心地位。

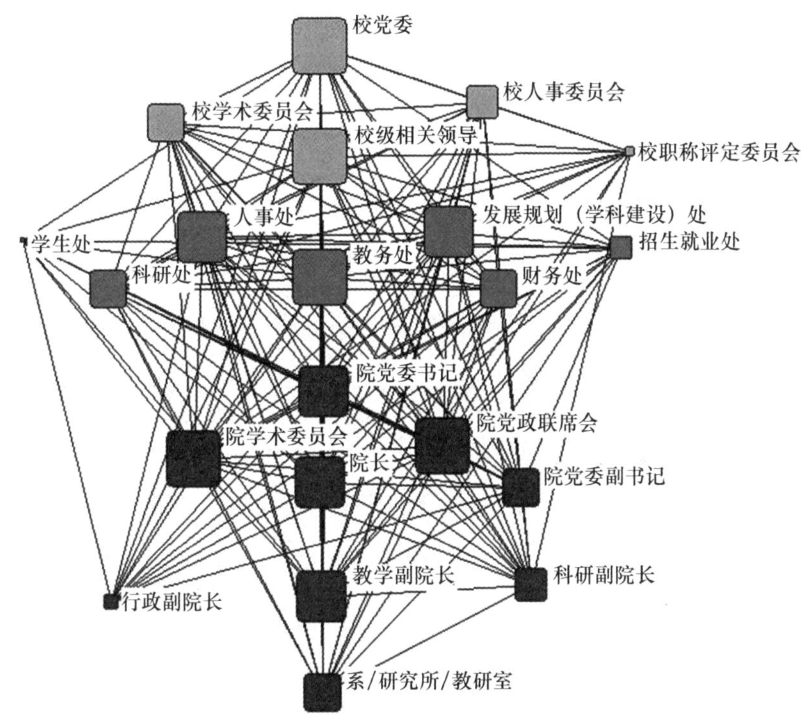

图9-2　具有博士、硕士授予权高校的学院权力结构

就“211”高校学院内部权力结构而言，院长和教学副院长拥有较大的权力；其次是行政副院长、院学术委员会，作为基层学术单位的系/研究所/教研室拥有的权力大小居于中等位次；最后是院党委副书记、科研副院长和院党委书记。

具有博士、硕士授予权高校的院学术委员会、院党政联席会在学院权力结构中居于中心位置，拥有较大的权力；其后才是院党委书记、院长和教学副院长；与“211”高校不同，具有博士、硕士授予权高校的科研副院长权力远大于行政副院长；系/研究所/教研室权力相对较小，仅大于科研副院长和行政副院长。

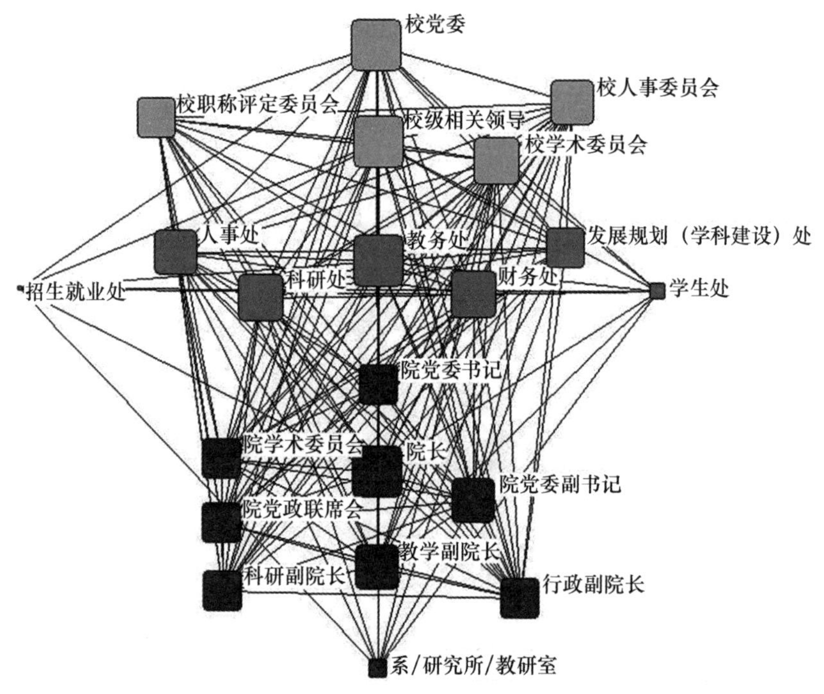

图 9-3　具有学士授予权高校的学院权力结构

具有学士授予权高校的学院权力结构呈现院长为权力核心，系/研究所/教研室权力薄弱，其他权力主体呈均势分布的状态。系/研究所/教研室权力与学生处权力相当，较招生就业处权力更大一些。

在高职的学院权力结构中，院长拥有绝对的权力资源优势，其次是院党委书记、院学术委员会和院党政联席会，系/研究所/教研室处于权力的金字塔的底端，拥有微弱的权力；与前三类高校不同，

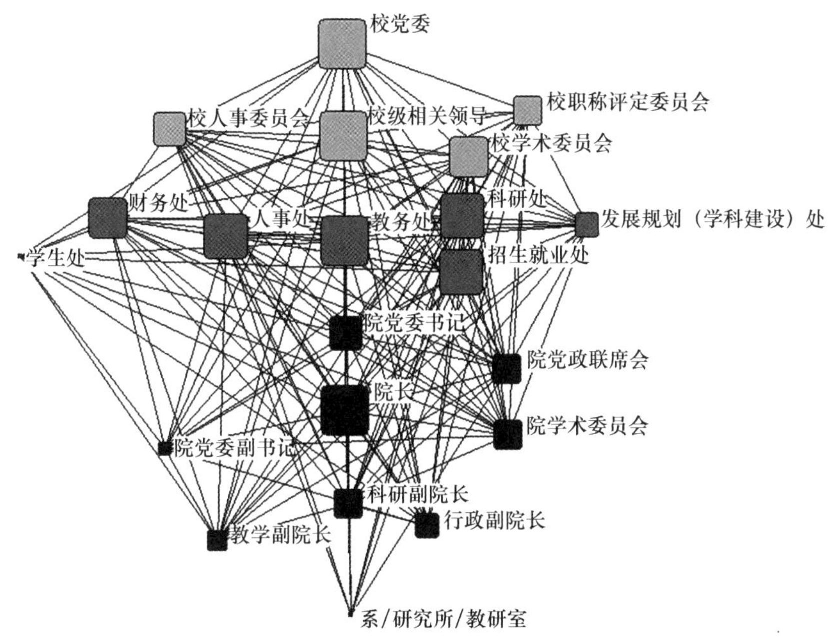

图 9－4　高职院校的学院权力结构

高职院校中科研副院长拥有比教学副院长和行政副院长更高的权力。一个最有可能的解释是科技成果的快速转化、产学研的协同发展是高职院校可持续发展的重要保障，因此科研工作在高职院校中备受重视。

二　高校中权力的分配

“权力”是社会科学中的一个重要概念，社会网络学者从“关系”角度出发，基于“中心性”对权力进行了定量化研究。“中心性”用来表示个人或组织在某一社会网络中拥有权力的大小，以及处于何种中心地位，简而言之是用来度量个人或组织在网络中位置和重要度的指标。“度数中心度”是测量中心性的指标之一，度数中心度用与某个节点直接连接的其他节点数目来表示，度数中心度高的行动者可视为网络的核心，在网络中拥有最大的“权力”，同时能够获取更重要、更多样和更及时的信息或知识，从而具有信息获取优势和资源控制能力。

表 9－1　　　　　　　**高校内各权力主体的度数中心度**

	“211”高校	具有博士、硕士授予权高校	具有学士授予权高校	高职院校
校党委	100.00	100.00	100.00	100.00
校级相关领导	100.00	100.00	100.00	100.00
校学术委员会	90.00	85.00	95.00	90.00
校人事委员会	80.00	80.00	90.00	85.00
校职称评定委员会	80.00	60.00	85.00	80.00
财务处	65.00	85.00	95.00	90.00
人事处	85.00	95.00	90.00	95.00
科研处	80.00	85.00	95.00	95.00
教务处	100.00	100.00	100.00	100.00
学生处	40.00	55.00	50.00	55.00
发展规划（学科建设）处	75.00	95.00	85.00	75.00
招生就业处	40.00	70.00	35.00	95.00
院长	100.00	95.00	100.00	100.00
院党委书记	65.00	95.00	85.00	85.00
院学术委员会	90.00	100.00	85.00	80.00
院党委副书记	80.00	85.00	90.00	65.00
院党政联席会	80.00	100.00	85.00	80.00
科研副院长	80.00	80.00	85.00	80.00
教学副院长	100.00	95.00	90.00	70.00
行政副院长	90.00	65.00	85.00	75.00
系/研究所/教研室	90.00	85.00	55.00	55.00

注：根据问卷调查数据利用 UCINET 软件计算而成。

以上对表 9－1 的分析表明：

（1）校院两级管理是我国高校管理体制的实际状况。虽然多数高校都建立了校院系三级管理体系，但由于基层的系（研究所、教研室）一级权力不足，导致其在管理体制中附属于所在的学院。表 9－1 显示，“211”高校和具有博士、硕士授予权高校中系（研究所、教研室）的权力大于具有学士授予权高校和高职院校，即在前两类高校中系（研究所、教研室）一级相对拥有较大的权力。

（2）高等教育的组织社会学研究认为，我国高校组织具有很强“趋同性”，表 9－1 中呈现的权力结构也具有很强的“趋同性”。校党委、校级相关领导作为领导层的核心，教务处在职能层中拥有较大权力，院长处于院系层的权力中心是各类高校普遍存在的权力结构，具有明显的同构特性。基于表 9－1 的数据，利用方差分析（ANOVA）的方法，验证高校中权力结构是否趋同。

方差分析结果（表 9－2）表明：因概率值 0.787 大于显著性水平 0.05，故接受不同高校权力主体的度数中心度之间没有差异的假设。因此，不同类型高校之间的权力结构没有显著性差异，高校权力结构具有明显的“趋同性”。

表 9－2　　**学校类型对度数中心度的单因素方差分析结果**

权力主体的度数中心度					
	平方和	*df*	均方	*F*	显著性
组间	260.714	3	86.905	0.353	0.787
组内	19692.857	80	246.161		
总数	19953.571	83			

（3）教学工作在高校中居于核心地位。与教学相关的权力主体如校学术委员会、教务处、教学副院长、院学术委员会均拥有较高

的度数中心度。

（4）高校“底部沉重”的组织特性并不明显。以权力主体的度数中心度为基础，计算每类权力主体参与学校事务的权力分配比例，通过“重心”来分析领导层、职能层和学院层的权力大小，以确定高校内部权力重心所在。表9-3对高校内部各层级的权力分配情况进行了计算。结果表明：具有博士、硕士授予权高校中院系层的权力重心指数大于职能层，领导层权力最小，权力重心在院系层，呈现“金字塔形”权力结构；具有“211”高校和学士授予权高校中院系层的权力重心指数与领导层相当，且职能层权力重心指数较小，呈现“沙漏形”权力结构；高职院校的权力结构与具有博士、硕士授予权高校恰恰相反，从领导层到职能层、再到院系层，权力重心指数不断减小，领导层是权力的重心所在，权力结构呈现“倒金字塔形”。“底部沉重”的特性仅在具有博士、硕士授予权高校表现明显。

表9-3　　高校内部分层级的权力重心指数

	领导层	职能层	院系层	权力结构类型
“211”高校	0.3602	0.2852	0.3545	沙漏形
具有博士、硕士授予权高校	0.3202	0.3294	0.3504	金字塔形
具有学士授予权高校	0.3620	0.3075	0.3305	沙漏形
高职院校	0.3524	0.3432	0.3044	倒金字塔形

采用方差分析方法检验对不同高校的各层级权力重心指数（表9-3）之间是否存在差异。由于表9-3中数据太小，首先进行了Z标准化处理，得到表对应的Z标准化数，然后进行方差分析。结果（表9-4）显示概率值为1.000，远大于显著性水平0.05，所以接受不同高校的各层级权力重心指数之间没有差异的假设。因而，

高校内部的权力重心也存在高度的“趋同性”。

表9-4　不同类型高校各层级权力重心指数的单因素方差分析结果

Zscore（各层级权力重心指数）					
	平方和	*df*	均方	*F*	显著性
组间	0.000	3	0.000	0.000	1.000
组内	11.000	8	1.375		
总数	11.000	11			

（5）在学院内部，具有学士授予权高校和高职院校的各权力主体呈现明显“均势”现象；而“211”高校和具有博士、硕士授予权高校学院内部权力的层级化较为明显。

第四节　学院权力的运行状态分析

权力结构需要通过各个权力主体之间的联系，才能在运行中发挥作用。而网络指标中的密度、平均距离和凝聚力指数能够反映各行动者之间的联系、资源信息的流通程度，因而可用来描述权力在运行中所呈现的状态。

密度是指网络个体之间联系的紧密程度，是实际存在的线数量与可能存在的线数量的比例。其取值范围为［0，1］，数值越大，表明权力主体间的互动多、关系紧密，有良好的信息交流和合作渠道，权力运行得比较流畅。平均距离是指关系网络中任意两点之间最短途径的平均长度，距离越短，则说明他们之间的联系越紧密，中间不经过其他部门或经过很少的部门来取得联系，权力的运行速度较快。凝聚力是衡量组织全部成员通过社会关系联系在一起的程度的指标。凝聚力指数越大，表明网络成员（领导、部门）之间的关系越紧密，能够形成较大的合力。

表 9－5　　不同类型高校权力运行状态

	密度	平均距离	凝聚力
“211”高校	0.8143	1.186	0.907
具有博士、硕士授予权高校	0.8619	1.138	0.931
具有学士授予权高校	0.8476	1.152	0.924
高职院校	0.8333	1.167	0.917

表 9－5 通过相关指标测算了不同类型高校的权力运行状态，反映了学院所处的权力环境状况。其中具有博士、硕士授予权高校拥有最高的网络密度、最短的平均距离和最大凝聚力指数，这类高校权力主体之间互动频繁，权力运行顺畅，沟通便捷，整个权力网络拥有较大的组织合力和良好的运行效率。具有博士、硕士授予权高校拥有比“211”高校更小的规模和比具有学士授予权高校和高职院校更规范的管理体制可能是导致其权力运行状态优良的主要原因。

“211”高校的权力运行表现出最低的网络密度和最小的网络凝聚力。一个可能的解释是“211”高校属于我国较为优秀的高等学府，具有良好的学术自由传统，学术自由的特性与以权力为核心构建的网络密度、凝聚力之间存在着天然的张力。“211”高校和高职院校的网络平均距离较大，为权力沟通的顺畅性和运行的高效性带来了很大的挑战。

第五节　二级学院治理有效性分析

本章的研究运用社会网络分析方法，呈现了我国不同类型高校的院权力结构和运行状态。研究发现：校院两级管理体制在我国高校管理实践中普遍存在，高校内部权力集中于校、院两级的领导者身上，校院系三级管理体系的真正确立需要给予系一级以必要的自主权；高校组织“底部沉重”的特性仅仅在具有博士、硕士学位授予权高校表现明显，在其他类型高校表现不明显；高校之间权力结构“趋同性”反映了高等教育管理体制对高校权力结构的深刻影响；具有博士、硕士授予权高校在信息沟通、权力运行方面拥有很高的效率；而“211”高校在学术自由氛围的影响下无论是权力主体间的沟通，还是权力网络凝聚力方面都受到一定影响；“211”高校和高职院校的权责关系需要进一步理顺，以提高权力主体间的沟通效率。

从推进大学治理的角度看，我国高校需要进一步在校内适当进行权力下放和横向的分权，赋予学院各级各类委员会以必要的自主权；在学院治理方面，需要进一步理顺权责关系，可采用权责清单的方式明确权责边界，还高校以“底部沉重”的组织特性；在制度上，高校的二级学院尚无统一、明确的领导体制，党政二元结构制、党政合一结构制、院长负责制、党政共同负责制等形式在高校的管理实践中均有存在，构建一套符合我国高校特色的二级学院领导体制和议事规则对于赋予二级学院必要权力、最大化发挥二级学院管理效能具有积极意义。此外，不同类型高校的学院权力结构、运行状态有所差别，学院权力结构、运行状态的调整必须立足校情进行动态化调整，因为权力的本质是一种相互作用的关系，而关系随着时间、事件的演化会发生改变甚至是质变。

第十章 大学有效治理的体制与机制保障分析

高校内部权力制约与监督体系研究是完善中国特色现代大学制度的重要任务。研究高校内部权力制约与监督体系，能够从理论上厘清高等教育举办者、管理者、学者以及社会等之间的复杂关系，从实践上指导高校管理者推进治理现代化进程。从高校权力运行的现状来看，权力“失范”和权力滥用现象较为严重，高校中“从基建到招生，从科研到学术，腐败均有渗透”①，行政本位和官本位在高校里相当严重②，高校在某种程度上成为“政府行政体系在大学系统内的延伸”③。

针对高校内部权力运行失范的问题，现有研究从理论和实践的角度论述、分析和构建了旨在规范权力运行，加强权力制约与监督的不同机制。在宏观层面上提出了“党委领导、校长管理、教授治学、民主监督”④ 的高校治理体系；在中观层面设计了分权制约、制度制约、程序制约、权利制约和文化制约的多元权力制衡路径；⑤ 在

---

① 龚洋浩：《高校缘何腐败频发》，《中国纪检监察报》2015 年 4 月 17 日第 4 版。

② 钱理群、高远东：《中国大学的问题与改革》，天津人民出版社 2003 年版，第 35 页。

③ 杨东平主编：《大学之道》，文汇出版社 2003 年版，第 193 页。

④ 毕宪顺主编：《决策·执行·监督——高等学校内部权力制约与协调机制研究》，教育科学出版社 2013 年版。

⑤ 刘献君：《论大学内部权力的制约机制》，《高等教育研究》2012 年第 3 期。

实践层面提出了完善大学章程建设、均衡权力配置、倡导教授治学等建议。[①]

虽然研究者们已经从不同的层次设计了针对高校内部权力运行的制约与监督方式，但从高校的实践来看，还缺乏对权力制约与监督机制的建构。制约与监督的缺失，必然会导致权力“失范”和滥用的问题，进而出现权力“寻租”和贪污腐败的现象。教育部党组对高校巡视的反馈报告全面地审视了高校各个方面工作的问题，系统地反映了高校中存在的突出问题。我们可以将这些负面素材进行系统化，提炼出其核心问题，由问题探寻原因，从事实归纳主题，从实证的视角来构建高校内部权力运行的制约与监督机制。

第一节　巡视反馈文本的主题分析

2006 年教育部印发了《中共教育部党组关于开展直属高校巡视工作的意见》，明确了巡视工作的领导体制、工作机构、主要任务、工作方式和相关要求。当年，中南大学、中国政法大学和东北林业大学作为试点高校，开展巡视工作；2007 年，教育部直属高校巡视工作全面展开，成为教育部党组一项常规性工作；2006—2012 年教育部党组完成了 73 所教育部直属高校的第一轮巡视工作。2013 年至今教育部党组开展了第二轮巡视工作，截至 2016 年年底，教育部巡视工作办公室官方网站公布了 39 所高校的巡视反馈情况。巡视反馈是高校的“体检报告”，详细描述高校在党的领导和基层组织建设、从严治党和落实“两个责任”、干部选拔、国有资产监管、科研经费管理、校办企业管理等方面存在的问题和不足。这些问题和不足在

① 赵新亮：《论高校内部治理结构的权力失衡与变革路径——基于权力分配的视角》，《国家教育行政学院学报》2015 年第 5 期。

很大程度上是高校权力运行中制约和监督机制的缺失或薄弱所导致的。

对于有着大量内容的资料而言，主题分析法可以有效地总结关键特性，并对资料提供一个深度描述；同时，主题分析法还允许对资料进行社会意义和心理意义上的解读，因此可以用来作为巡视反馈文本的分析工具。主题分析法是从资料中识别、分析和形成主题模式报告的一种方法，[①] 该方法的主要任务是通过识别、关联和编码相关词组的方式形成子主题，将子主题收集到信息全面的体系中，并为主题的选择构建一个有效的论证。[②] 本章立足于39所高校的巡视反馈文本，利用主题分析法，根据学者总结的基本分析步骤，[③] 将巡视报告的问题进行归纳和系统化。

第二节 高校内部权力运行问题的主题归纳

一 熟悉资料，进行信息编码

本章的分析资料是教育部直属高校巡视组向39所高校反馈的巡视工作情况，反馈中巡视组根据对每一所高校的巡视情况针对上述方面的问题分别予以总结、陈述。由于巡视反馈是以新闻报道形式呈现的，正式研究之前，我们对新闻报道的背景、事件经过等与高校权力无关的信息进行了剔除，保留能够反映高校权力运行的内容，作为下一步分析的资料。

① Aronson, J. , "A Pragmatic View of Thematic Analysis", *The Qualitative Report*, Vol. 2, No. 1, 1994, pp. 16 – 18. Retrieved from http://www.nova.edu/ssss/QR/BackIssues/QR2-1/index.html.

② Dickie, C. , "Winning the PhD Game: Evocative Playing of Snakes and Ladders", *The Qualitative Report*, Vol. 16, No. 5, 2011, p. 1233.

③ Braun V. , Clarke V. , "Using Thematic Analysis in Psychology", *Qualitative Research in Psychology*, Vol. 3, No. 2, 2006, pp. 77 – 101. doi: 10.1191/1478088706qp063oa.

奥克兰大学的布劳恩教授和西英格兰大学的克拉克教授细致分析了主题分析法的具体实施过程，包括熟悉资料、进行初始编码、寻找主题、核查主题、定义并命名主题、撰写分析报告。我们以此作为本章研究的基本规范，参考已有的相关理论成果，本章研究以理论驱动作为形成主题的基本方式。由三名研究人员围绕“高校内部权力运行中的问题”各自独立进行编码，然后进行多轮研讨、验证，对编码进行筛选、补充和修改，以最大程度保证编码分析的客观性和完整性。

表 10－1　　　　信息提取与编码（部分）

序号	信息提取	编码
1	学校制定了中层干部选拔任用工作办法，在工作中，由于选拔工作经常出现“跑风漏气”情况，评委不愿“得罪人”	1. 制度执行松软 2. 权责一致意识薄弱
2	笔试分数和民主测评票数成为干部提拔的重要依据，群众称其为“逢升必考，以票取人”，致使竞岗者复习备考不安心工作，未能做到依据德能勤绩廉全面选拔优秀干部	1. 权责一致意识薄弱 2. 干部选拔视野不够宽
3	学校领导班子科学决策、民主决策的体制机制尚不够完善，特别是重大决策事项前期专家论证、风险评估、合法性审查不够	1. 民主决策机制不完善
4	党委常委与校务办公会议的职责与决策机制有混淆之处，党委常委会研究议题过多过细，应该提交党委常委会讨论决策的“三重一大”事项，有的未列入常委会议事议程	1. 民主决策机制不完善 2. 党委、校务办公会议职责划分不清
5	校务公开范围不够，时效性不强	1. 信息公开度不够
6	教职工反映的重要问题，未能及时公开说明或答复	1. 教职工权益诉求渠道不畅
7	学校重要决策征求一线师生和民主党派的意见不够	1. 重大决策征求师生意见不够

表 10－1 摘取了研究中的一所高校的部分编码信息。如从“学校制定了中层干部选拔任用工作办法，在工作中，由于选拔工作经

常出现‘跑风漏气’情况，评委不愿‘得罪人’”的文本中提取出“制度执行松软”和“权责一致意识薄弱”两条编码信息。干部选拔中的“跑风漏气”现象表明既有的人事选拔制度没有被很好地遵守，而评委们怕“得罪人”则表明评委们缺少责任意识，没有利用好自己手中的权力。

二 提取主题，生成初始导图

经过初始编码和验证，并对相似编码合并后，获得了所有编码的列表（见表10－2）。出于主题提取的典型性考虑，在主题提取过程中，保留了出现频次大于三次的编码信息。表10－2中收入分配不合理、附属中小学招生过程不透明两条编码信息因出现频次过低，问题的典型性不够，在后续分析中予以剔除。

表10－2 **编码列表（部分）**

序号	编码	频次
1	制度执行松软	15
2	权责一致意识薄弱	35
3	干部选拔视野不够宽	20
4	党委、校务办公会议职责划分不清	6
5	信息公开度不够	11
6	民主决策机制不完善	14
7	重大决策征求师生意见不够	8
8	教职工权益诉求渠道不畅	9
9	财务监管不力	8
10	干部监督管理制度不健全	7
11	收入分配不合理	2
12	校办企业经营管理违规	8
13	滥用职权	16

续表

序号	编码	频次
14	党委主体责任有待加强	31
15	工程建设未批先建	5
16	擅自变更科研经费预算、扩大开支范围	12
17	问责工作执行不严	17
18	纪委重调查，轻问责	30
19	附属中小学招生过程不透明	3
20	重大决策程序不规范	10

运用思维导图的可视化手段，进行主题提取，即将编码按照类属进行汇总，并对汇总后的类属进行命名，形成初始主题导图。

如图 10 - 1 所示，方框内文字是编码后的信息，椭圆形内文字是初步归纳的主题。本研究共生成了“党的领导”“管理权力和能力”“制度建设和机制问题”“民主参与度低”“程序不遵从”“信息不透明”“各方监控”“纪委问责”共八个主题。需要指出的是，主题分析法并不要求初步归纳的主题在同一层面或维度上，这是因为初步归纳的主题是从编码中直接提取出来的，需要在后续的分析中通过多次归纳、分析，逐步判定不同主题之间的逻辑关系，最终形成能够置于同一分析框架下的主题。初始主题导图中“党的领导”处于相对独立的位置，反映了我国高校的领导体制特征；而其他主题表达的是权力运行监督与制约方面的问题。

每一个主题都与数个编码相联系，而编码所代表的是资料中的关键信息。通过初始主题导图，将原始资料包含的信息进行了较为清晰的呈现。如“程序不遵从”主题下包含了“工程建设”“招标”“干部选拔”“信访处理”等七个方面的编码信息，这些编码从不同方面反映、证实了在高校权力运行中程序方面存在的一系列问题。

有的编码信息与两个以上主题或者其他编码信息相关，需要进

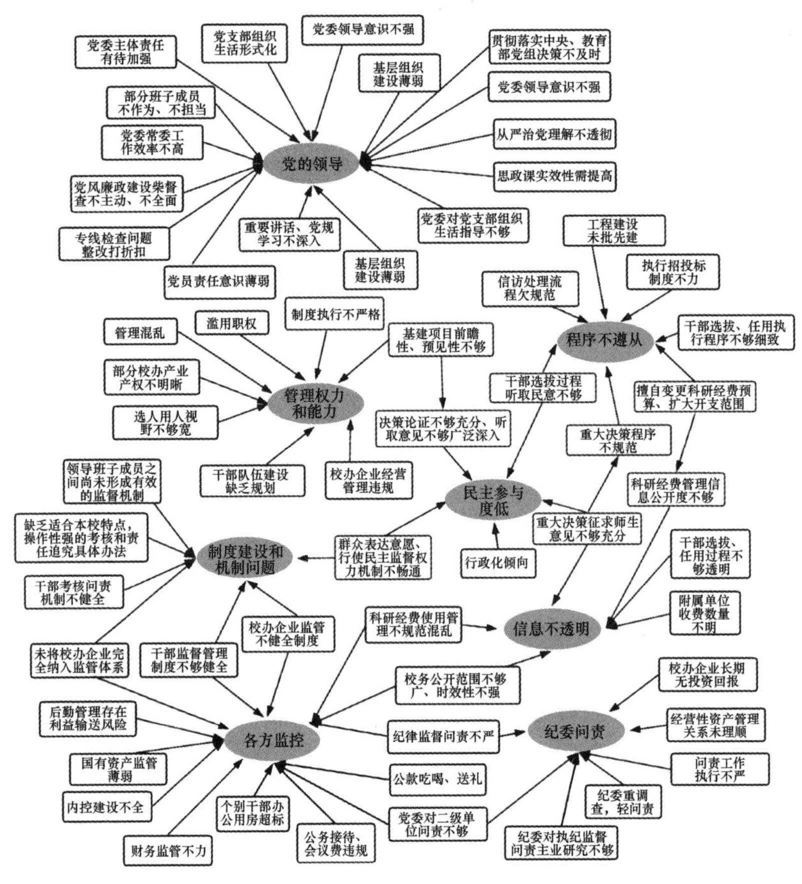

图 10－1　初始主题导图

一步凝练主题或返回原材料重新编码。如“重大决策征求师生意见不充分”的编码信息，其表面意义与师生“民主参与度低”决策有关，而在深层次则隐含了决策过程中“信息不透明”的问题，同时也表明存在“重大决策程序不规范”的现象。因此，这一条编码信息可以同时归入“民主参与度低”和“信息不透明”两个主题，以及“重大决策程序不规范”的编码中。

三　凝练主题，生成进阶导图

图 10－1 中的八个主题相对分散，需要对各主题进行凝练后归并到新的主题。在主题凝练过程中，以问题意识为导向，归纳了“党委领导弱化”“权责不对等”“程序遵从弱”“信息不透明”“问责不力”“监控薄弱”六个方面的主题，生成进阶主题导图（图 10－2），与初始主题导图相比，进阶主题导图对主题的把握更为精细化。由于民主参与在实践中主要是一种程序上的安排，因此图 10－1 中的“民主参与度低”并入“程序遵从弱”；由于“管理权力和能力”主要涉及权责统一问题，故并入图 10－2 的“权责不对等”；图 10－1 中“制度建设和机制问题”由于在内容上涵盖了监控和问责两个方面，故在图 10－2 中进行了拆分，将对应内容分别并入“监控薄弱”和“问责不力”主题中。其他五个初始主题没有大的变动，仅在命名上进行了凝练概括。

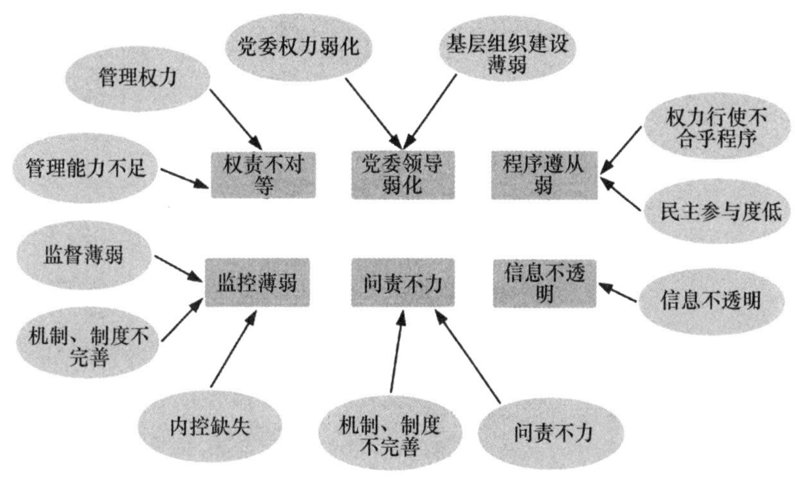

图 10－2　进阶主题导图

四　确定最终导图

在继续细化分析中，发现“党委领导弱化”实际上反映了体制方面的问题，而“权责不对等”“程序遵从弱”“信息不透明”“监督薄弱”和“问责不力”属于机制层面的问题。高校管理实践经验表明，体制和机制是规范高校内部权力，实现权力有效制约和监督的两个重要方面。由此形成最终主题导图。

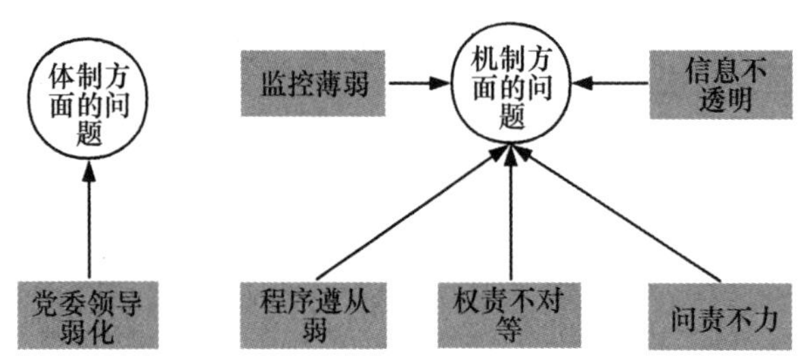

图 10－3　最终主题导图

第三节　高校内部权力运行中暴露的问题

一　党委领导弱化

党委领导下的校长负责制是普通高等学校的根本制度，这一制度保证了高校的社会主义办学方向，保证了高等教育事业的繁荣和高等学校的可持续发展。从教育部对高校巡视的反馈材料来看，党委领导下的校长负责制在实际的执行过程中，主要存在以下问题：

第一，党委的领导核心和政治核心作用发挥不够。在学校层面，有 41% 的被巡视高校存在党的领导弱化问题，党的领导作用发挥不充分，党委抓大事不够，对学校改革发展总体战略，缺乏系统谋划和顶层设计，校党委常委对全局性战略性问题谋划不够，重要事项没有经过党委常委的讨论决定，个别高校由领导小组代替学校党委常委会或校长办公会研究决策重大事项。

第二，26% 的被巡视高校存在贯彻落实“三重一大”制度不严格、不到位，甚至“三重一大”制度缺失的问题。有的属于“三重一大”的事项没有经过常委会讨论，应该提交党委常委会讨论决策的“三重一大”事项，未列入常委会议事议程。“三重一大”事项决策不规范，个别高校的领导班子在重大问题决策出现议而不决、决而不行、搁置拖延的情况。

第三，党委常委成员之间协调不到位，党政一把手之间、正职与副职之间、副职之间沟通协调不够，缺少定期沟通机制，党政主要负责人和班子成员之间缺乏相互批评、相互帮助氛围，学校领导班子成员之间不够融洽，领导班子存在“一言堂”和“家长制作风”现象，有28%的被巡视高校存在此类问题。

第四，36%的被巡视高校存在基层党建工作薄弱现象。有些基层党组织没有认真落实严格党内生活的有关要求，对党内组织生活不够重视，特别是教工党支部工作比较薄弱，党委对基层党组织软弱涣散问题重视不够，存在校长强势、书记声音小的现象，高校存在党委抓基层党建不力问题。

二 权责不对等

权责是授权的题中之义，也是预防高校权力腐败的第一道防火墙。权责机制要求组织内部不同主体的权力、责任边界清晰，且各主体的权力与职责具有对等性。在大学治理的诉求下，坚持权责明确和权责对等是高校权力良性运行的前提和基础，也是权力制约与监督机制发挥作用的必然要求。

从教育部对高校巡视的反馈材料来看，在权责对等方面，主要存在的问题是：

第一，学校党委履行主体责任不到位、党委主体责任意识有待加强、全面从严治党主体责任不到位、学校领导班子在担当责任方面仍显不足，有的领导干部落实“一岗双责”不到位，64%的被巡视高校存在此类问题。

第二，有些干部对遗留问题、棘手问题的处理明显存在畏难情绪，缺乏担当精神，个别领导干部和基层党组织贯彻学校的决策不力，存在回避疑难问题、选择性作为的现象，二级单位、部门在落实“一岗双责”上存在薄弱环节，54%的被巡视高校存在此类问题。

三 程序遵从弱

程序遵从性是规范权力运行的内在要求，也是在最广泛意义上实现权力制约的有力工具。权力的“非程序化运行”① 是当前我国高校内部权力运行的突出问题。

从教育部对高校巡视的反馈材料来看，在程序遵从方面，主要存在的问题是：

第一，党委常委会和校长办公会等议事规则不完善，决策制度不完善，决策程序和日常工作不够规范，28%的被巡视高校有此类问题；重大事项决策方面前期论证不够充分、听取意见不够深入，前期专家论证、风险评估、合法性审查不够等问题，26%的被巡视高校存在此类问题。

第二，干部选拔的提名程序不够规范，干部选任动议环节不够规范，干部选拔任用的具体操作过程不够严谨，选拔干部的环节和民主推荐的环节听取意见的范围不够广泛。考虑方案、执行程序不够细致，在选人用人上不按照程序操作，干部管理偏宽松软，54%的被巡视高校暴露了这些方面的问题。

四 信息不透明

“阳光是最好的防腐剂”，信息公开透明是最有效的监督，也是

---

① 刘献君、张晓冬、刘皓：《高校权力运行制约机制：模式、评价与建议》，《中国高教研究》2013 年第 6 期。

实现高校内部权力制约的前提和基础。在信息屏蔽、信息黑箱的环境中，极易产生权力寻租行为。《高等学校信息公开办法》《高等学校信息公开事项清单》等政策和文件旨在扩大社会对高校的监督，高校内部还应就关涉重大事项的决策、管理信息等进行公开，让权力在阳光下运行。

从教育部对高校巡视的反馈材料来看，8%的被巡视高校在信息透明公开方面存在问题。

第一，信息公开不充分，如高校中存在院务信息公开范围不够广、科研经费信息公开度不够、选拔任用干部过程不透明、教职工反映的重要问题未能及时公开说明或答复的现象，表明信息公开中存在信息筛选的情况。

第二，信息公开不及时，巡视中不少高校存在信息公开不及时的现象，表明在有关部门存在通过错开敏感时间段来规避信息公开带来的风险的行为。

五　监控薄弱

监督和内控是实现高校内部权力监督机制的直接手段。被巡视高校在监控方面的问题突出表现在监控机制建设的缺失和监控效果不力两个方面。

10%的被巡视高校存在监控机制建设缺失。高校从领导班子成员间的互相监督机制，到由纪委负责的党风廉政建设常态化监督检查机制，再到维护师生和教职工知情权的民主监督机制以及旨在防范经济领域风险的内控机制都有不同程度的缺失。如某高校中认为“班子成员之间缺乏有效互相监督”的教师占28%。

74%的被巡视高校监控效力发挥不足。领导班子重业务管理、轻廉政监督，纪委履行监督责任乏力，干部监督管理不严格，监督重点不明确，重点领域的监管不到位，对信访问题线索没有深挖严查，高校内部没有建立有效的内控制度，财务风险较大。

六　问责不力

问责是对由于权力主体在工作中不履行职责或者履行不当造成重大损失或者恶劣影响的情况进行责任追究的制度，本质上是对权力变质和权力异化的惩戒。从教育部对高校巡视的反馈材料来看，高校存在问责机制缺失和问责不力两个突出问题。

问责机制缺失，有8%的被巡视高校没有建立问责机制，主要表现在干部考核机制在一些高校中并没有真正建立起来。

有54%的高校存在问责不力问题。如一些高校问责工作不敢动真碰硬、问责不及时，特别是纪委重调查、轻问责的现象严重，高校问责流于形式现象非常普遍。此外，纪委聚焦主责主业不够、缺乏主动担当、敢于亮剑的勇气和决心，进一步削弱了高校问责的效力。

第四节　大学有效治理的体制与保障机制

通过对39所教育部巡视反馈报告的分析，挖掘了高校内部权力运行的核心问题——少数高校弱化了“党的领导”、混淆了“校长负责”，偏离了“党委领导下的校长负责制”这一根本体制；在权力的运行和监督与制约上，责权不对等、程序不遵从、信息不公开、监控薄弱和问责不到位。因此，高校需要在坚持“党委领导下的校长负责制”体制的同时，建立一套行之有效的权力运行制约与监督的机制。

体制是系统化的组织制度，是指国家机关、企事业单位在机制设置、领导隶属关系和管理权限划分等方面的体系、制度、方法、形式等的总称。高校教育体制是高等教育组织运行的根本规则，是机制建立的基础。高等学校内部领导体制是党委领导下的校长负责制，高等学校内部行政体制是校长负责制，高等学校内部学术体制是以学术委员会为主体的多元学术体制。[①] 高校党委会是学校的领导核心，高校必须加强党的领导，履行党委的主体责任和监督责任；完善校长负责制，协调政治权力与行政权力；发挥学术委员会的作用，整合学术权力和行政权力。

机制是系统内部各部分间相互联系、相互制约、相互作用的联结方式以及借此而达成整体目标、实现整体功能的运行方式。[②] 体制规定了我国高校内部权力发挥作用的场域，在党委领导下的校长负责制体制下，需要建立权责、程序、透明、监控和问责的机制，[③] 做到权责统一、程序正当、信息透明、监控有效和问责到位，并实现有效的闭环，才能够对高校内部权力运行实现有效的制约与监督。从巡视文本反映的高校中的问题来看，党的领导弱化等六个方面的问题占了高校巡视文本反馈问题的 90% 以上。解决了这些方面的问题，才能够解决高校权力运行中存在的核心问题。因此，我们总结了高校内部权力运行制约与监督的“1 +5”模式（如图 10 -4）。党委领导下的校长负责制是我国公办高校的领导体制；权责、程序、透明、监控和问责五方面是规范、保障、监控权力运行，惩戒权力失范的重要机制。

《中共教育部党组关于开展直属高校巡视工作的意见》中明确了教育部直属高校巡视组的主要任务是对直属高校领导班子及其成员坚持党的教育方针、处理学校改革发展稳定重大问题、执行民主集

---

① 毕宪顺：《试论高等学校领导管理体制的构建——一个政治学研究的视角》，《教育研究》2005 年第 11 期。

② 王道红：《高校党委领导下的校长负责制：内涵、关系及完善》，《思想理论教育》2015 年第 1 期。

③ 张德祥、韩梦洁：《权责 程序 透明 监控 问责——高校内部权力运行制约与监督机制》，《中国高教研究》2018 年第 1 期。

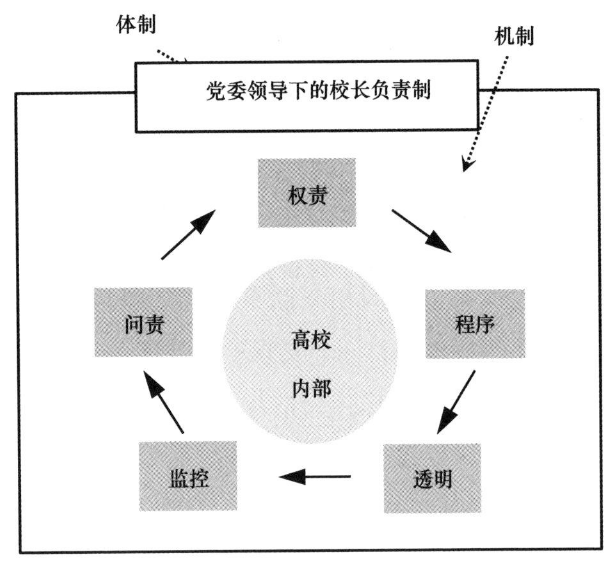

图 10－4　高校内部权力运行制约与监督的体制与机制

中制、选拔任用干部以及落实党风廉政建设责任制和廉政勤政等情况进行监督检查。因此，教育部党组的巡视工作属于“政治巡视”，侧重于政治权力、行政权力和民主权力，而对学术权力运行中的问题关注较少。对于以资料作为分析基础的主题分析法而言，信息上的不充分可能导致分析上的缺憾。本章的研究是运用实证研究方法进行此类研究的一次尝试，后续研究需要进一步深化。

第十一章　提高大学治理有效性，推进现代大学制度建设

大学作为高深知识生产、传播和保存的重要组织，实现自身治理体系和治理能力现代化，对于推进国家治理体系和治理能力现代化无疑具有重要推动作用。20 世纪 90 年代以来，我国大学治理的理论研究和实践探索逐渐兴起，至今方兴未艾。但关于大学治理有效性却少有研究。有效的大学治理不仅是实现大学系统自身治理体系和治理能力现代化的重要保障和显性标志，也是持续推进现代大学制度建设的重要命题。

本书以实证分析为主要研究范式，考察了国内不同类型高校治理的结构特征、治理过程中的角色扮演、治理与绩效的关系以及规范大学权力运行等问题，尝试解答如何提升大学治理有效性的核心问题。我们认为，大学治理有效性的实现是治理理念、治理结构、治理过程和治理环境整体性、协调性变革的结果。其中治理理念是根本，治理结构是治理理念的技术表达，治理过程是治理结构的现实运作，治理环境是培育治理文化、实现有效治理的长效机制。

第一节　大学治理理念的因校制宜性

理念之于大学治理具有根本性、决定性的作用。国际上广泛认

可的大学治理模式主要有：教学人员治理模式、公司治理模式、利益相关者治理模式、董事会治理模式和混合治理模式。不同治理模式之间并无优劣之分，模式之间甚至还存在一定的冲突现象。多种模式的并存表明没有哪一种大学治理模式是普遍有效的；而那种旨在寻求大学治理普适模式的治理理念，注定无效的，甚至是具有破坏性的。

本书针对公办本科高校、公办高职学院和民办高职学院的大学治理结构的研究表明，不同类型高校具有不同的权力分配模式，这些差异的存在表明大学治理并非一个简单的组织制度设计，而是一套融合了院校属性、历史、传统、文化和师生特征的大学运行和管理机制。只有符合院校自身特征的大学治理才有可能是有效的。

因此，有效治理的关键在于大学能否找到符合院校自身属性、历史、传统、文化和师生特征的治理模式。大学治理结构的优化要结合不同学校的实际特点，寻找自己独特的优化路径。如：公办高校应尽量发挥民主决策在治理中的重要作用；高职院校则应适当进行内部权力下放，让各部门在校内决策中发挥应有的作用。尽管不同类型高校的治理路径可能差别很大，但是有效的大学治理必须满足下列核心要求：能够圆满地完成大学的基本任务，培养出优秀的人才，并能够为人类的知识进步做出贡献，这才是大学治理真正的出发点和归宿，而治理本身只是手段，不是目的。

第二节　大学治理结构的多元参与性

大学治理的核心是权力的分配，治理结构是大学治理理念的技术表达，治理有效性在一定程度上取决于治理结构的合理性。现代大学已经发展成为涉及政府、高校、教师、学生、家长、企业、校友各方利益的社会组织。只有充分考虑、平衡各方利益相关者的正当权益，允许各利益相关方以恰当的方式有序参与重大事项的决策过程，有效的治理才有可能最终实现。

大学治理结构的多元参与性包含纵向和横向两个维度。纵向上的多元参与指在涉及院系利益的重要决策时，学校应当建立院系参与和表达自身利益的机制；横向的多元参与指在学校和院系的决策过程中，应充分考虑教师、学生、家长、企业和校友各方利益，并以有效机制综合、吸纳各方利益，进而做出最终决策。

第三节　大学治理过程的决策效益性

治理过程是治理结构的现实运作，其中决策是大学治理过程的核心活动。大学决策过程中应当追求效益性的原则，以实现有效治理。所谓效益性原则是指大学决策过程中既要保证决策效率，避免推诿扯皮、久决不断的现象发生，又要做出能够增进学校收益的决策。

从大学内部权力结构与绩效的关系来看，权力越分散，重心越下移，学院层的自主权越大，越能高效、高质量地处理学校事务，促进绩效的提高，推动学校的健康发展。大学效益不仅仅是财务管理的结果，也是权力结构、权力关系运行的产物。绩效考核是大学办学过程处于绩效考核制度体系下的大学，通过分权、放权的方式调整权力结构与权力关系。改善大学治理结构也不失为提高大学决策效益的一种路径。

第四节　大学治理环境的权力可控性

治理环境是培育治理文化、实现有效治理的长效机制。权力分配是大学治理的核心，权力的可控性运行是实现大学有效治理的重要环境因素。

针对大学内部权力运行现状，课题组通过对 39 所教育部巡视反馈报告的分析，剖析了高校内部权力运行的核心问题，包括：少数高校弱化了“党的领导”、混淆了“校长负责”、偏离了“党委领导下的校长负责制”这一根本体制；在权力的运行、监督与制约上，存在责权不对等、程序不遵从、信息不公开、监控薄弱和问责不到位问题等。权力运行的无序会导致决策失败，也即治理失败。就我国大学而言，在体制上，必须进一步加强党的领导，履行党委的主体责任和监督责任；完善校长负责制，协调政治权力与行政权力；发挥学术委员会的作用，整合学术权力和行政权力。在机制层面，高校应在党委领导下的校长负责制体制基础上，建立包括“权责、程序、透明、监控和问责”五个核心要素的机制，① 做到权责统一、程序正当、信息透明、监控有效和问责到位，并实现有效的闭环，增强权力的可控性，为大学有效治理塑造良性的制度环境。

---

① 张德祥、韩梦洁：《权责　程序　透明　监控　问责——高校内部权力运行制约与监督机制》，《中国高教研究》2018 年第 1 期。

参考文献

一 中文

（一）著作

毕宪顺主编：《决策·执行·监督——高等学校内部权力制约与协调机制研究》，教育科学出版社2013年版。

程北南：《美国大学治理结构的经济学分析》，中国财政经济出版社2009年版。

邓聚龙：《灰色系统理论教程》，华中理工大学出版社1990年版。

刘军：《整体网分析——UCINET软件实用指南》，上海人民出版社2014年版。

罗家德：《社会网络分析讲义》，社会科学文献出版社2012年版。

马万华：《从伯克利到北大清华——中美公立研究型大学建设与运行》，教育科学出版社2004年版。

潘懋元：《多学科观点的高等教育研究》，上海教育出版社2001年版。

钱理群、高远东：《中国大学的问题与改革》，天津人民出版社2003年版。

王诗宗：《治理理论及其中国适用性》，浙江大学出版社2009年版。

王世权：《监事会治理的有效性研究》，中国人民大学出版社2011年版。

王绽蕊：《美国高校董事会制度：结构、功能与效率研究》，高等教育出版社2010年版。

熊节春：《善治的伦理分析》，中国社会科学出版社 2014 年版。
杨东平主编：《大学之道》，文汇出版社 2003 年版。
俞可平：《治理与善治》，社会科学文献出版社 2000 年版。
张德祥、姜华主编：《二级学院治理：权力运行制约与监督》，科学出版社 2017 年版。
张俊宗：《现代大学制度：高等教育改革与发展的时代回应》，中国社会科学出版社 2004 年版。
张维迎：《大学的逻辑》，北京大学出版社 2004 年版。
赵曙明编著：《绩效管理与评估》，高等教育出版社 2004 年版。
哲学大辞典编辑委员会编：《哲学大辞典（修订本）》，上海辞书出版社 2001 年版。
朱家德、周湖勇：《大学有效治理研究》，中国社会科学出版社 2016 年版。
［德］马克斯·韦伯：《经济与社会》（上卷），林荣远译，商务印书馆 1997 年版。
［德］尤塔·默沙伊恩：《大学治理与教师参与决策》，魏进平、马永良等译，知识产权出版社 2014 年版。
［法］让·皮埃尔·戈丹：《何谓治理》，钟震宇译，社会科学文献出版社 2010 年版。
［加］约翰·范德格拉夫等编著：《学术权力——七国高等教育管理体制比较》，王承绪等译，浙江教育出版社 2001 年版。
［美］彼得·布劳、马歇尔·梅耶：《现代社会中的科层制》，马戎、时宪民、邱泽奇译，学林出版社 2001 年版。
［美］德里克·博克：《走出象牙塔：现代大学的社会责任》，徐小洲、陈军译，浙江教育出版社 2001 年版。
［美］查尔斯·沃尔夫：《市场或政府——权衡两种不完善的选择》，谢旭译，中国发展出版社 1994 年版。

［美］戴维·诺克、杨松：《社会网络分析》，李兰译，上海人民出版社 2012 年版。

［美］罗伯特·K. 殷：《案例研究方法的应用》，周海涛译，重庆大学出版社 2014 年版。

［美］斯坦利·沃瑟曼、凯瑟琳·福斯特：《社会网络分析：方法与应用》，陈禹、孙彩虹译，中国人民大学出版社 2012 年版。

［美］约翰·S. 布鲁贝克：《高等教育哲学》，王承绪等译，浙江教育出版社 1987 年版。

［美］詹姆斯·N. 罗西瑙：《没有政府的治理》，张志新等译，江西人民出版社 2001 年版。

［日］青木昌彦：《比较制度分析》，周黎安译，上海远东出版社 2001 年版。

［英］迈克尔·夏托克：《成功大学的管理之道》，范怡红译，北京大学出版社 2006 年版。

（二）论文

毕宪顺、刘庆东：《高校内部权力的科学配置及其运行机制研究》，《国家教育行政学院学报》2010 年第 8 期。

毕宪顺：《试论高等学校领导管理体制的构建——一个政治学研究的视角》，《教育研究》2005 年第 11 期。

别敦荣：《论现代大学制度的基本范畴》，《现代教育管理》2013 年第 10 期。

曹明霞：《灰色关联分析模型及其应用的研究》，硕士学位论文，南京航空航天大学，2007 年。

查永军：《大数据与高校院系治理》，《中国电化教育》2018 年第 1 期。

陈炳辉：《福柯的权力观》，《厦门大学学报》（哲学社会科学版）2002 年第 4 期。

陈淳：《高校科技投入产出分析》，《广东农业科学》2009 年第 7 期。

陈珂、张旭、冯丽谦：《要素构成与能力提升：高校二级学院领导者角色扮演研究》，《黑龙江高教研究》2017 年第 10 期。

陈廷柱：《院系治理改革的路径选择及其系统化策略》，《中国高教研究》2017 年第 1 期。

陈星平：《现代大学共同治理中的教师参与》，《学术界》2011 年第 5 期。

陈学飞：《高校去行政化：关键在政府》，《探索与争鸣》2010 年第 9 期。

陈云超：《公平与效率视野下的大学治理平衡》，《教育发展研究》2008 年第 1 期。

陈振明：《公共部门绩效管理的理论与实践》，《中国工商管理研究》2006 年第 12 期。

程勉中：《大学学院制管理改革中责权利关系的调整》，《云南民族大学学报》（哲学社会科学版）2005 年第 1 期。

崔艳丽：《20 世纪 80 年代以来的英国高等教育治理研究》，博士学位论文，南京师范大学，2014 年。

段永瑞、霍佳震：《基于数据包络分析的高校科研绩效评价》，《上海交通大学学报》2007 年第 7 期。

方婷、黄小忠：《我国大学权力结构中学生权力缺失现象的思考》，《教育科学》2006 年第 6 期。

方晓田、彭江：《中国大学学科治理现代化：内涵、困境与路径》，《湖北社会科学》2021 年第 7 期。

付晔、张乐平等：《不同类型大学科技投入产出效率的比较研究》，《科技管理研》2010 年第 1 期。

高蕾：《社会网络分析法在高等学校班级结构和人际特征分析中的应用探究》，《经济师》2010 年第 2 期。

耿敏：《基于社会网络的高层管理团队绩效研究》，硕士学位论文，扬州大学，2009 年。

龚洋浩：《高校缘何腐败频发》，《中国纪检监察报》2015 年 4 月 17 日第 4 版。

龚怡祖：《大学治理结构：现代大学制度的基石》，《教育研究》2009 年第 6 期。

贡金涛：《社会网络关系分析在学科评估中的应用》，硕士学位论文，辽宁师范大学，2010 年。

古继宝、张颖、苗利博：《大学权力治理结构对人才培养和科学研究的影响》，《中国高等教育评估》2010 年第 1 期。

顾建民等：《超越大学治理结构——关于大学实现有效治理的思考》，《高等教育研究》2011 年第 9 期。

郭卉：《如何增进教师参与大学治理——基于协商民主理论的探索》，《高等教育研究》2012 年第 12 期。

郭莉：《当代中国大学学术权力与行政权力的共轭机理研究》，博士学位论文，中国矿业大学，2013 年。

郭赟嘉、闫建璋：《学术领导：大学二级学院院长角色的本真定位》，《现代教育科学》2014 年第 1 期。

韩真：《基于共词分析的主题类型划分方法比较研究》，《图书馆》2009 年第 21 期。

何淳宽、曹威麟、梁樑：《中国大学正式组织与学术性准正式组织的机能优化——兼论我国大三元权力结构模式的建构》，《经济社会体制比较》2009 年第 3 期。

何显明：《基于有效治理的复合民主：中国民主成长的可能方式》，《浙江社会科学》2011 年第 8 期。

何晓芳、任小琴、王洋：《牛津大学学院治理结构分析》，《上海教育评估研究》2018 年第 4 期。

何晓芳：《学科嵌入式治理：一流学科生成与发展的制度逻辑》，

《中国高教研究》2019 年第 9 期。

贺永平：《公办大学董事会治理制度建构研究》，博士学位论文，西南大学，2012 年。

胡赤弟：《高等教育中的利益相关者分析》，《教育研究》2005 年第 3 期。

胡华忠：《我国高校院系内部治理制度体系构建：精神理念、内涵要义与实践要求》，《现代教育管理》2022 年第 3 期。

胡建华：《大学内部治理中的校院关系》，《江苏高教》2021 年第 12 期。

贾效明、焦文俊：《大学学院实体化建设中学院治理结构的改革与调整》，《北京理工大学学报》（社会科学版）2005 年第 6 期。

姜华：《高校二级学院院长的角色冲突》，《中国高教研究》2011 年第 10 期。

姜华、吴桥阳、李小宾：《三类大学权力结构差异性的实证研究》，《云南师范大学学报》（哲学社会科学版）2014 年第 1 期。

姜华、徐琪：《基于社会网络分析的大学治理结构研究》，《高教探索》2014 年第 4 期。

姜彤彤、武德昆：《高等学校绩效评价方法研究综述》，《江苏高教》2011 年第 6 期。

蒋洪池、李绍芳：《当今美国大学治理的困境及其启示》，《高教探索》2005 年第 5 期。

蒋洪池：《美国大学内部治理中的教师权力探析——以密苏里大学堪萨斯城分校为例》，《高教探索》2010 年第 5 期。

柯文进：《现代大学权力运行机制研究》，《中国高等教育》2006 年第 22 期。

兰军瑞：《现代大学内部治理制度运行效率的评价模型构建》，《内蒙古师范大学学报》（教育科学版）2015 年第 7 期。

李成恩、常亮：《协商共治：我国大学院系有效治理的可行模式》，

《中国高教研究》2017 年第 6 期。

李春玲：《对教师参与学校决策的深层次思考》，《教学与管理》2000 年第 5 期。

李家俊：《积极推进试点学院综合改革：找准抓手 扎实推进试点学院综合改革》，《中国高等教育》2013 年第 19 期。

李立国、冯鹏达、张海生：《“双一流”建设中的组织合法性与制度趋同——对 414 位高校二级学院院长的调查分析》，《国家教育行政学院学报》2021 年第 1 期。

李立国、张翼：《美国研究型大学学院治理模式探析》，《清华大学教育研究》2016 年第 6 期。

李林艳：《社会空间的另一种想象——社会网络分析的结构视野》，《社会学研究》2004 年第 3 期。

李如海：《美国教师参与决策研究述评》，《江西教育科研》1997 年第 6 期。

李素芹：《我国大学学院地位浅析》，《现代大学教育》2008 年第 2 期。

李永生：《教师民主参与管理的调查与分析》，《教育研究与实验》2002 年第 9 期。

李正元、付鹏、胡德鑫：《廉政建设视域下的大学内部治理》，《国家教育行政学院学报》2015 年第 7 期。

林杰：《从管控走向治理——2007“海峡两岸高校内部治理”学术研讨会综述》，《江苏高教》2008 年第 1 期。

凌凌、陈金圣：《学科治理：地方高校学科建设的核心议题》，《教育发展研究》2017 年第 7 期。

刘冬冬、张新平：《高校二级学院治理：困境及其消解路径》，《现代教育管理》2018 年第 6 期。

刘恩允、周川：《学术主导、分类驱动、协同推进——我国大学院系治理机制探究》，《高等教育研究》2017 年第 8 期。
刘军仪：《民主、协商、合作：来自美国明尼苏达大学共同治理模式的经验》，《外国教育研究》2011 年第 12 期。
刘克利：《现代大学制度框架下学院层面的权力配置和运行》，《大学教育科学》2009 年第 6 期。
刘献君：《论大学内部权力的制约机制》，《高等教育研究》2012 年第 3 期。
刘献君、张晓冬、刘皓：《高校权力运行制约机制：模式、评价与建议》，《中国高教研究》2013 年第 6 期。
刘向东、陈英霞：《大学治理结构剖析》，《中国软科学》2007 年第 7 期。
刘璇：《社会网络分析法运用于科研团队发现和评价的实证研究》，硕士学位论文，华东师范大学，2011 年。
刘亚荣、高建广、梅强、张金刚、李华、计建炳、孙毅：《我国高校实行校院两级管理体制改革的调研报告》，《国家教育行政学院学报》2008 年第 3 期。
刘亚荣、李志明、唐宁、韩东平、韩景义、肖刚：《高校校院两级管理模式研究》，《教育与经济》2010 年第 2 期。
刘勇强：《既要“旗帜鲜明”，也要“润物无声”——对高校二级学院党总支书记职责的理解与思考》，《黑龙江高教研究》2014 年第 7 期。
龙宝新：《“双一流”建设背景下二级学院内部治理的机制与架构》，《高校教育管理》2019 年第 4 期。
龙献忠：《从统治到治理—治理理论视野中的政府与大学关系研究》，博士学位论文，华中科技大学，2005 年。
卢晓中等：《论高校效率与自主权》，《江苏高教》2015 年第 1 期。
罗泽意：《大学二级学院院长双重性格生成的逻辑》，《江苏高教》

2022 年第 2 期。
马陆亭:《现代大学制度建设中的内部治理结构》,《北京教育·高教》2009 年第 6 期。
马敏:《“双一流”背景下二级学院管理现状与治理改革探析》,《教育观察》2020 年第 21 期。
欧阳霞:《大学学科权力配置探析》,《高教探索》2011 年第 2 期。
彭红玉:《我国高等教育治理结构的结构功能主义思考》,《辽宁教育研究》2007 年第 10 期。
彭英、魏银霞:《推动大学章程建设,构建以学术权力为主导的院(部、系)管理体制》,Proceedings of 2015 5th International Conferenceon Applied Social Science,Vol. 82,2015。
戚巍、陈晓剑等:《基于 TOPSIS 的中国研究型大学学术绩效评价方法研究》,《中国高教研究》2010 年第 1 期。
钱颖一:《学院治理现代化:以清华大学经济管理学院为例》,《清华大学教育研究》2015 年第 2 期。
秦惠民:《我国大学内部治理中的权力制衡与协调——对我国大学权力现象的解析》,《中国高教研究》2009 年第 8 期。
曲铭峰等:《哈佛大学与当代高等教育——德里克·博克访谈录》,《高等教育研究》2011 年第 10 期。
沈勇:《院系治理的中观分析:章程建构、实践张力与路径优化》,《国家教育行政学院学报》2016 年第 7 期。
盛况、罗志敏:《公办高校二级学院治理体系及其实现策略》,《现代教育科学》2021 年第 3 期。
时明德:《高校基层党总支书记的三种角色》,《学校党建与思想教育》2014 年第 21 期。
史彩霞:《强制性制度变迁的困境——对中国大学治理结构低效率的制度解读》,《复旦教育论坛》2006 年第 4 期。

司晓宏：《关于推进现阶段我国大学章程建设的思考》，《教育研究》2014 年第 11 期。

孙百亮：《大学治理改革的“内卷化”及其规避》，《当代教育科学》2014 年第 7 期。

孙大军：《对当代我国高校治理中民主与效率问题的认识》，《教育评论》2014 年第 12 期。

谭晓玉：《教师参与大学内部治理：角色定位与制度反思》，《复旦教育论坛》2015 年第 1 期。

万明、段世年、李彩艳：《以释放办学活力为目标的校院两级管理改革模式探索》，《中国高等教育》2016 年第 20 期。

王道红：《高校党委领导下的校长负责制：内涵、关系及完善》，《思想理论教育》2015 年第 1 期。

王洪才：《现代大学制度：世纪的话题》，《复旦教育论坛》2011 年第 2 期。

王建华：《学院的性质及其治理》，《中国高教研究》2017 年第 1 期。

王菊：《教师参与高校管理研究评述》，《学园》2009 年第 3 期。

王庆林：《论“去行政化”背景下大学学院的学术权力》，《江苏高教》2015 年第 4 期。

王晓辉：《场域视野中大学权力结构的失调与调试》，《现代教育管理》2013 年第 3 期。

王战军、肖红缨：《大数据背景下的院系治理现代化》，《高等教育研究》2016 年第 3 期。

王战军、肖红缨：《一流大学院系治理的应然状态》，《教育发展研究》2016 年第 19 期。

韦希：《从“党政共同负责”管理体制到“党政教共同治理”权力结构——关于高校二级学院（系）新型治理结构的构想》，《国家教育行政学院学报》2015 年第 3 期。

吴志成:《西方治理理论述评》,《教学与研究》2004 年第 6 期。
席酉民、李怀祖等:《我国大学治理面临的问题及改善思路》,《西安交通大学学报》(社会科学版)2005 年第 1 期。
鲜红、龚洪:《高校二级单位党风廉政建设中党委书记的角色定位及作用》,《学校党建与思想教育》2017 年第 6 期。
谢安邦、阎光才:《高校的权力结构及权力结构的调整——对我国高校管理体制改革方向的探索》,《高等教育研究》1998 年第 2 期。
熊庆年、代林利:《大学治理结构的历史演进与文化变异》,《高教探索》2006 年第 1 期。
徐琪、姜华:《大学内部权力结构和决策角色研究——基于社会网络分析的视角》,《清华大学教育研究》2016 年第 1 期。
许杰:《建设中国特色现代大学制度:成效、问题与对策——基于试点院校的探索实践》,《教育研究》2014 年第 10 期。
许杰:《试析高等教育领域的绩效管理——管理主义的视角》,《教育与经济》2008 年第 2 期。
许志红:《试析大学权力结构的重组》,《黑龙江高教研究》2005 年第 6 期。
宣勇:《论大学的校院关系与二级学院治理》,《现代教育管理》2016 年第 7 期。
闫建璋、孙姗姗:《高校二级学院内部治理模式探析——基于权力配置差异的视角》,《清华大学教育研究》2022 年第 3 期。
严蔚刚:《教授委员会在高校二级学院治理结构中的地位》,《复旦教育论坛》2013 年第 4 期。
阎凤桥:《如何发挥院系基层党组织的作用?》,《国家教育行政学院学报》2022 年第 4 期。
杨泾:《高校班级凝聚力的影响因素研究——基于社会网络分析方法》,硕士学位论文,电子科技大学,2013 年。

杨朔镔、杨颖秀：《“双一流”背景下大学院系治理现代化探论：自组织理论的视角》，《教育发展研究》2018 年第 5 期。

杨天平、王超：《西方大学权力模式的运演及其特色》，《教育研究》2012 年第 5 期。

杨兴林：《论教授主导治学与参与治校的统一》，《复旦教育论坛》2015 年第 1 期。

姚小涛、席酉民：《管理研究与社会网络分析》，《现代管理科学》2008 年第 6 期。

于方、刘延申、郝明睿等：《基于多源履职数据的大学院系画像构建与应用》，《现代教育技术》2021 年第 6 期。

余承海等：《当代美国大学共同治理的困境、变革及其启示》，《高等教育研究》2014 年第 5 期。

余利川、段鑫星：《“夹缝生存”：“双一流”建设高校二级学院院长的权责困境与生成逻辑》，《江苏高教》2022 年第 2 期。

张德祥：《高校一流学科建设的关系审视》，《教育研究》2016 年第 8 期。

张德祥、韩梦洁：《权责 程序 透明 监控 问责——高校内部权力运行制约与监督机制》，《中国高教研究》2018 年第 1 期。

张德祥、李洋帆：《二级学院治理：大学治理的重要课题》，《中国高教研究》2017 年第 3 期。

张德祥：《我国大学治理中的若干关系》，《高等教育研究》2018 年第 7 期。

张红峰：《大学内部权力博弈的模型分析与制度反思》，《国家教育行政学院学报》2012 年第 7 期。

张继龙：《院系学术治理中的权力圈层结构——基于教师参与的视角》，《高等教育研究》2017 年第 4 期。

张雷生：《高校院系内部治理结构现状调查研究》，《高校教育管理》

2017 年第 3 期。
张双:《绩效管理理论溯源》,《商场现代化》2007 年第 1 期。
张笑涛:《"教授治学"的内涵及落实路径》,《江苏高教》2016 年第 3 期。
张烨:《"学院办大学":西方传统与中国实践》,《清华大学教育研究》2022 年第 1 期。
张月铭:《高校管理重心下移后的行政权力和学术权力》,《辽宁教育研究》2002 年第 9 期。
张玥、朱庆华:《Web 2.0 环境下学术交流的社会网络分析——以博客为例》,《理论与探索》2009 年第 32 期。
赵成:《大学治理的含义及理论渊源》,《现代教育管理》2009 年第 4 期。
赵成:《治理视角下的大学制度研究》,博士学位论文,天津大学,2006 年。
赵希男、贾建锋:《我国研究型大学建设绩效的评价方法及其实证研究》,《研究与发展管理》2007 年第 12 期。
赵新亮:《论高校内部治理结构的权力失衡与变革路径——基于权力分配的视角》,《国家教育行政学院学报》2015 年第 5 期。
郑文力、叶先宝:《我国大学院长角色演变与冲突调适》,《江苏高教》2017 年第 6 期。
郑勇、徐高明:《权力配置:高校学院制改革的核心》,《中国高教研究》2010 年第 12 期。
中央教育科学研究所高等教育研究中心:《高等学校绩效评价报告》,《大学(学术版)》2009 年第 11 期。
钟勇为:《社会网络视角下的二级学院决策的策略选择——以 W 学院专业优化决策为例》,《教育发展研究》2014 年第 1 期。
周光礼、郭卉:《大学治理实证研究 2015—2019:特征、趋势与展望》,《华东师范大学学报》(教育科学版) 2020 年第 9 期。

周光礼:《"双一流"建设的三重突破:体制、管理与技术》,《大学教育科学》2016 年第 4 期。

周光礼:《完善中国现代大学制度—以大学章程为载体,以治理变革为突破口》,《大学(学术版)》2012 年第 1 期。

周倩:《提高我国高等教育制度性话语权》,《人民日报》2016 年 5 月 3 日第 7 版。

周雪光:《权威体制与有效治理:当代中国国家治理的制度逻辑》,《开放时代》2011 年第 10 期。

周作宇:《论大学组织冲突》,《教育研究》2012 年第 9 期。

朱海坤、韩泽林:《利益相关者理论下的大学内部治理研究》,《内蒙古师范大学学报》(教育科学版) 2013 年第 5 期。

祝士明、高洁:《"党政教民"协同治理:大学二级学院治理结构》,《现代教育管理》2018 年第 9 期。

邹兵:《"双一流"背景下我国高校治理的优化路径》,《江苏高教》2018 年第 1 期。

[美] 皮埃尔·塞纳克伦斯:《治理与国际调节机制的危机》,《国际社会科学杂志(中文版)》1999 年第 1 期。

[英] 鲍勃·杰索普:《治理的兴起及其失败的风险:以经济发展为例的论述》,《国际社会科学杂志(中文)》1999 年第 1 期。

二 外文

Albrecht, S., & Ko, G., "How Do Immigrant Students Develop Social Confidence and Make Friends in Secondary School? A Retrospective Study", *The Qualitative Report*, Vol. 22, No. 9, 2017.

American Federation of Teachers, *Shared Governance in Colleges and Universities: A Statement by the Higher Education Program and Policy Coun-*

cil, Washington DC: AFT, 2002.

Aronson, J., "A Pragmatic View of Thematic Analysis", *The Qualitative Report*, Vol. 2, No. 1, 1994.

Baldridge, J., *Power and Conflict in the University*, New York: John Wiley, 1971.

Birnbaum, R., "Faculty in Governance: The Role of Senates and Joint Committeesin Academic Decision Making", *New Directions for Higher Education (Special issue)*, Vol. 18, No. 3.

Birnbaum R., *How Colleges Work: The Cybernetics of Academic Organization and Leadership*, San Francisco: Jossey-Bass, 1991.

Bok, D., *Universities in the Marketplace: The Commercialization of Higher Education*, Princeton: Princeton University Press, 2003.

Braun V., Clarke V., "Using Thematic Analysis in Psychology", *Qualitative Research in Psychology*, Vol. 3, No. 2, 2006.

Burt, R. S., "Positions in Networks", *Social Forces*, Vol. 55, 1976.

Burt, R. S., "Social Contagion and Innovation: Cohesion Versus Structural Equivalence", *American Journal of Sociology*, Vol. 92, 1987.

Cohen, M. D. & March, J. G., *Leadership and Ambiguity: The American College President*, Boston: Harvard Business School Press, 1986.

Corson, J., *Governance of Colleges and Universities*, N. Y: McGraw-Hill, 1960.

Costello, *Performance Management-Assessing Human Behavior at Work*, Boston: Kent Publisher, 1994.

Currie, J., DeAngelis, R., de Boer, H., Huisman, J. & Lacotte C., *Globalizing Practices and University Responses: European and Anglo-American Differences*, Westport, CT: Praeger, 2003.

David W. Leslie, "Legitimizing University Governance: Theory and Practice", *Higher Education*, No. 2, 1975.

Deborah Blackman., & Monica Kennedy, "Knowledge Management and Effective University Governance", *Journal of Knowledge Management*, Vol. 13, No. 6, 2009.

Dickie, C., "Winning the Ph. Game: Evocative Playing of Snakes and Ladders", *The Qualitative Report*, 2011.

Dill, D. D. & Helm, K. P., "Faculty Participation in Policy Making", in J. Smart (Ed.), *Higher Education: Handbook of Theory and Research*, Vol. 4, 1988.

Edwards, M., "Governments and Communities-Where do Academics fit in?", Paper presented to Governance and Communities in Edwards Partnership, Conference, Melbourne, Australia, September, 2006.

Emirbayer, M. and J. Goodwin., "Network Analysis, Culture, and Problem of Agency", *American Journal of Sociology*, Vol. 99, 1994.

Enrique Villarreal Innovation, "Organisation and Governance in Spanish Universities", *Tertiary Education and Management*, No. 2, 2001.

Fereday, J. & Muir-Cochrane, E., "Demonstrating Rigor Using Thematic Analysis: Hybrid Approach of Inductive and Deductive Coding and Theme Development", *A International Journal of Qualitative Methods*, Vol. 5, No. 1, 2006.

Freeman L. C., "Turing a Profit from Mathematics: The Case of Social Networks", *Journal of Mathertical Socialogy*, Vol. 10, 1984.

Gilmour, J. E. Jr., "Participative Governance Bodies in Higher Education: Report of a National Study", *New Direction for Higher Education*, Vol. 19, No. 3, 1991.

G. Keller (Ed.), *Academic Strategy: The Management Revolution in American Higher Education*, Baltiomore: The Johns Hopkins Universities

Press, 1983.

Glen A. Joens, Theresa Shanahan, Paul Goyan, "Traditional Governance Structures-Current Policy Pressures: The Academic Senate and Canadian Universities", *Tetiary Education and Management*, No. 1, 2002.

Groof, J. D. et al. , *Democracy and Governance in Higher Education*, Hague: Kluwer Law International, 1998.

Haynes, Jim R. , The Relationship between Pariticipation in Shared Governance and Organizational Commitment Reported by Nonacademic Staff in Public Research, Doctoral , and Master's Colleges and Universities, Arkansas State University, 1999.

Hesse-Biber, S. N. , *Mixed Methods Research: Merging Theory with Practice*, New York, NY: Guildford Publications, 2010.

Ikenberry, S. O. , "Restructuring College and University Organization and Governance: An Introduction", *Journal of Higher Education*, Vol. 42, No. 6, 1971.

Institutional Management in Higher Education, *IMHE*, *OECD Report*, 2003.

Jackon, J. & Crowley, J. , "Blinking Dons or Donning Blinkers: Fiduciary andCommon Law Obligations ofMembers of Governing Boards of Australian Universities", *Southern Cross University Law Review*, 2006.

Jay Paredes Scribner, R. Keith Sawyer, Sheldon T. Watson & Vicki L. Myers, "Teacher Teams and Distributed Leadership: A Study of Group Discourse and Collaboration", *Educational Administration Quarterly*, No. 1, 2007.

J. N. Rosenau, *Governance without Government: Order and Change in World Politics*, Cambridge University Press, 1992.

Josephine A. Boland, "Student Participation in Shared Governance: A Means of Advancing Democratic Values?", *Tertiary Education and*

Management, No. 3, 2005.

Jule M. Hite, Ellen J. Williams & Steven C. Baugh, "Multiple Networks of Public School Administrators: An Analysis of Network Content and Structure", *International Journal of Leadership in Education*, Vol. 8, No. 2, 2005.

Keiko Yokoyama, "Entrepreneurialism in Japanese and UK Universities: Governance, Management, Leadership, and Funding", *Higher Education*, No. 3, 2006.

Keith Dixon, David Coy, "University Governance: Governing Bodies as Provides and Users of Annual Reports", *Higher Education*, No. 2, 2007.

Kezar, Adranna, Peter D. Eckel, "Meeting Today's Governance Challenges: A Synthesis of the Literarure and Examination of Future Agenda for Scholarship", *The Journal of Higher Education*, Vol. 4, Jlu-Aue 2004.

Knott, Jack H., Payne, A. Abigail, "The Impact of State Governance Structures on Management and Performance of Public Organizations: A Study of Higher Education Institutions", *Journal of Policy Analysis and Management*, Vol. 23, December 2004.

Kovac Vesna, Ledic Jasminka & Rafajac Branko., "Academic Staff Participation in University Governance: Internal Responses to External Quality Demand", *Tertiary Education and Management*, Vol. 9, No. 3, 2003.

Labaree, Robert Vaughan, The Implementation of an Academic Program Merger: Efficiencies of Information Exchange and Restraint Under the Principles of Shared Governance, University of Southern California, 2004.

Lee, B., "Campus Leaders and Campus Senates", in R. Birnbaum (Ed.), *Faculty in Governance: The Role of Senates and Joint Committees in Academic Decision Making*, *New Directions for Higher Education*,

Leslie, San Francisco: Jossey-Bass, No. 75, 1991.

Lewis, L. S, *When Power Corrupts: Academic Governing Boards in the Shadow of the Adelphi case*, New Brunswick: Transaction Publishers, 2000.

Linton, R., *The Study of Man*, New York: D. Appleton-Century, 1936.

Love, Jim R., Faculty/University Collaboration: Differential Perceptions of Shared Governance, Presidential Leadership Style and Decision-Making at a Research University, University of Houston, 2005.

Marginson, S. & Considing, M., *The Enterprise University*, Melbourne, Australia: Cambridge University Press, 2000.

Marsden, P. V., "Methods for the Characterization of Role Structures in Network Ananlysis", in Freman, L. C., White, D. R., and Romney, A. K., eds., *Research Methods in Social Network Analysis*, Fairfax, VA: George Mason University Press, 1989.

Martin Trow., "The Chiefs of Public Universities Should be Civil Servants, Not Political Actors", in Richard T. Ingram, Transforming Public Trusteeship, Washington, D. C.: Association of Governing Boards, 1998.

Massey, W., *Honoring the Trust: Quality and Cost Containment in Higher Education*, Bolton, Mass.: Anker, 2003.

McCormick Re, Meiners, "University Governance-A Property-rights Perspective", *Journal of Law & Economics*, Vol. 31, No. 2.

Michael Dobbins, Christoph Knill, & Eva Maria Vögtle, "An Analytical Framework for the Cross-country Comparison of Higher Education Governance", *Higher Education*, Vol. 62, No. 05, 2011.

Millett, J. D., *New Structures of Campus Power: Success and Failure of Emerging Forms of Institutional Governance*, San Francisco, CA: Jossey-Bass, 1978.

Mingle, J. R, *Higher Education's Future in the 'Corporatized' Economy*, Washington, D. C.: Association of Governing Boards of Universities and Colleges, Occasional Paper No. 44, 2000.

Mintzberg, H., *The Professional Bureaucracy*, NJ: Prentice-Hall, 1979.

Mojtaba Vaismoradi, Hannele Turunen, Terese Bondas, "Content Analysis and Thematic Analysis: Implications for Conducting a Qualitative Descriptive Study", *Nursing & Health Sciences*, Vol. 15, No. 3, 2013.

Nelson, B., "Backing Australia's Future", Section 4 (F) Paras, 2003.

Nickls, "As Overview of Performance Measuerment", *Public Management*, 1994.

Nienke M. Moolenaar, Peter J. C. Sleegers, & Alan J. Daly, "Teaming Up: Linking Collaboration Networks, Collective Efficacy, and Student Achievement", *Teaching and Teacher Education*, Vol. 28, No. 2, 2012.

Pamenter Fred, "Moving From Appraisal to Employee Enhancement", *Canadian Manager*, Vol. 25, No. 1.

Payne, A. A., & Roberts, J., "Government Oversight of Organizations Engaged in Multiple Activities: Does Centralized Governance Encourage Quantity or Quality?", McMaster University, 2002.

P. Sariago, K. Tremblay, E. Basri & E. Arnal (Eds.), *Tertiary Education for the Knowledge Society*, Vol. 1, Paris: OECD.

P. V. Marsden, "Restricted Access in Networks and Models of Power", *American Journal of Sociology*, Vol. 88, No. 4, Jan 1983.

Redmond, Rodney W., ed., Faculty Involvement in Shared Governance and Decision Making: A Case Study, Morgan State University, 2007.

Reed, M., Meek, L., & Jones, G, "Introduction", In A. Amaral, G. Jones, & B. Karsrth, eds., *Governing Higher Education in a State of Flux*, London, England: Economica.

Rogers, "An Exploratory Wtudy of Performance Measurement Sys-Terns and Relationships With Performance Results", *Journal of Options Management*, Vol. 22, 2004.

R. S. Burt, "Social Contagion and Innovation: Cohesion Versus Structural Equivalence", *American Journal of Sociology*, Vol. 92, No. 6, May1987.

Schuster, J., Smith, D., Corak, K., & Yamada, M., *Strategic Academic Governance: How to Make Big Decisions Better*, Phoenix, AZ: Oryx, 1994.

Spangenberg H. H., "A Systems Approach to Performance Appraisalin Organizations", Paper Presented at the Morning, Vol. 25, No. 1, 1992.

Sparrowe R. T., Linden R. C., & Kraimer M. L., "Social Networks and the Performance of Individuals and Group", *Academy of Management Journal*, 2001, Vol. 44, No. 2.

Steve Rayner, Mary Fuller, Lindsey McEwen & Hazel Roberts, "Managing Leadership in the UK University: A Case for Researching the Missing Professoriate?", *Studies in Higher Education*, Vol. 35, No. 06, 2010.

The Report of the National Committee of Inquiry into HigherEducation, *Dearing Report*, Middlesex, England: NCIHE Publications, 1997.

Trakaman Leon, "Modelling University Governance", *Higher Education Quarterly*, Vol. 1 – 4, 2008.

Trow, M., "Governance in the University of California: The Transformation of Politics into Administration", *Higher Education Policy*, Vol. 11, 1988.

United Nations Development Programme, *Governance and Sustainable Human Development*, New York: UNDP, 1997.

University Senates Conference (USC), "Faculty Perspective on Shared Governance at the University of Illinois", September 26, 2006.

Weick, K. , "Educational Organizations as Loosely Coupled Systems", *Administrative Science Quarterly*, Vol. 21, No. 1.

Wellman, Barry & S. D. Berkow itz (eds.) , *Social Structures: A Network Approach. Greenwich*, Connecticut: JAI Press Inc, 1988/1997.

White, D. R. , and Reitz, K. P. , "Re-thinking the Role Concept: Homomorphisms on Social Networks", in Freeman, L. C. , White, D. R. & Romney, A. K. , eds. , *Research Methods in Social Network Analysis*, Fairfax, VA: George Mason University Press, 1989.

William R. Penuel, Min Sun, Kenneth A. Frank, & H. Alix Gallagher, "Using Social Network Analysis to Study How Collegial Interactions Can Augment Teacher Learning from External Professional Development", *American Journal of Education*, Vol. 119, No. 1, 2012.

Williams, Brown Jr. , "Faculty Participation in University Governance and the Effects on University Performance", *Journal of Economic Behavior & Organization*, Vol. 44, 2001.

Williams, D. , Gore, W. , Broches, C. & Lostski, C. , "One Faculty's Perception of Its Academic Governance Role", *Journal of Higher Education*, Vol. 58, No. 6, 1987.